출애굽기(성경, 이해하며 읽기)

Reading in understanding the Bible

출애굽기(성경, 이해하며 읽기)

발 행 | 2022년 8월 16일
저 자 | 장석환
펴낸이 | 장석환
펴낸곳 | 도서출판 돌계단
출판사등록 | 2022.07.27(제393-2022-000025호)
주 소 | 안산시 상록구 이동 삼태기2길 4-16
전 화 | 031-416-9301
이메일 | dolgaedan@naver.com

ISBN | 979-11-979752-0-2

https://blog.naver.com/dolgaedan

출애굽기

장석환 지음

CONTENT

성경, 이해하며 읽기 시리즈를 시작하며.

성경은 하나님의 말씀입니다. 하나님의 마음이 가득 담겼습니다.
성경을 읽으면 하나님의 말씀을 읽는 것일까요?
의미가 전달되지 않는 대화가 무의미하듯이
성경을 이해하지 않고 읽으면 성경을 읽은 것이 아닙니다.

성경을 이해하며 읽을 수 있도록
너무 많지도 않고 적지도 않은 설명이 필요하다 생각하였습니다.

설교를 스터디 바이블 형식으로 다시 다듬었습니다.
성경구절 설명이 도움이 될 것입니다.

성경을 조금은 더 능동적으로 읽어야 합니다.
하나님께서 왜 이런 말씀을 하셨을지를 생각하면서 읽어야 합니다.
단어의 의미와 문맥의 의미를 알아야 합니다.
그렇게 능동적으로 찾으면서 읽으면
성경이 살아 움직이는 것을 느낄 것입니다.

이곳의 내용은 하늘기쁨 교회에서 설교로 전해진 것입니다.
매일 말씀을 준비하고 잠자리에 들때마다 가슴이 벅차서 잠이 제대로
오지 않았습니다.
설교를 듣는 믿음의 공동체와 내가 읽은 수많은 책의 저자들 모두 공동
저자입니다.

이 책이 말씀을 읽는 행복과 가슴 벅참의 통로가 되기를 기도합니다.
하나님께 영광과 기쁨이 되기를 기도합니다.

서론

성경 이해하며 읽기 시리즈(Reading in Understanding the Bible)
성경을 이해하며 읽도록 돕기 위해 만들었습니다.
꼭 성경과 함께 읽어야 합니다. 성경을 읽어 가면서 해당 구절 설명을 읽으십시오.

1. 시대

줄애굽을 이른 시기로 잡는 경우 주전 1446년이다. 이 시기가 성경에서 말하는 연대와 가장 잘 어울리며 일부 고고학 자료도 이에 부응한다. 출애굽의 연대를 조금 늦은 시기인 주전 1260년경으로 잡는 사람들도 있다. 이 경우 고고학 자료와 조금 더 어울리며 성경의 연도를 상징적으로 해석할 경우 가능하다. 문학적 양식은 늦은 연대와 조금 더 어울린다. 이 경우 애굽 왕은 사람들에게 유명한 람세스 2세다. 두 시기 모두 성경적으로나 고고학적으로 가능성이 있다. 어느 것 하나가 절대적이지 않다. 가장 큰 이유는 성경이 애굽 왕의 이름을 말하지 않기 때문이다. 그러므로 출애굽의 연대가 중요한 것이 아니라는 것을 알 수 있다. 우리는 출애굽기에서 연도가 아니라 이유를 보아야 한다.

2. 다시 보는 구절

출애굽 할 때 홍해를 건넜다. "그러므로 하나님이 홍해의 광야 길로 돌려 백성을 인도하시매 이스라엘 자손이 애굽 땅에서 대열을 지어 나올 때에" (출 13:18) 여기에서 홍해는 구체적으로 어느 바다를 말하는 것일까?

'홍해'라 번역한 단어의 히브리 단어는 '갈대 바다'다. 그런데 대부분 홍해라 번역한다. 우리나라 번역본 중에는 가톨릭 성경이 '갈대 바다'라 번역하고 영어 성경은 대부분 홍해라 번역한다. 유대인 성경인 타나크에서는 갈대바다라 번역한다. 그럼에도 불구하고 나는 갈대바다라 번역하는 것을 추천하고 싶다. 칠십인역에서 홍해로 번역하였고 칠십인역을 주로 인용하는 신약에 홍해로 되어 있다. 그래서 히브리어는 갈대바다이지만 홍해로 번역하는 경우가 대부분이다. 그러나 성경을 있는 그대로 번역해야 하지 않을까?

칠십인역은 아마 의역했을 것이다. 당시 '갈대 바다'를 아는 사람이 없기 때문이다. 홍해로 번역한다 하여 완전히 틀린 것은 아니다. 홍해는 인도양에서 시내반도 북단으로 이어지는 길쭉한 바다다. 이것이 시내반도에서 오른쪽으로는 아카바 만으로 갈라지고 왼쪽으로는 수에즈 만으로 양분된다. 이스라엘 백성이 건넌 홍해는 수에즈 만의 북쪽으로 15km 정도 떨어진 커다란 비터 호수이거나 그 위쪽의 다른 호수일 것이다. 수에즈 만(홍해)과 이 호수는 매우 드물기는 하지만 비가 많이 오면 연결되기도 하였다. 그러면 홍해가 이 호수까지 연장되는 것이다. 지금은 수에즈 운하로 연결되어 있다. 그래서 사람들이 이해하기 쉽도록 홍해라 번역할 수 있다.

그러나 이곳은 사람들이 흔히 생각하는 넓은 홍해(수에즈 만쪽 홍해도 최소 건너려면 너비가 최소 25km. 하룻밤 사이에 건널 수 있는 길이가 아니다)는 아니고 위쪽으로 좌우로 갈라져서 왼쪽의 수에즈 만을 지나 그 위쪽의 호수 중에 하나였다. 그 호수 중의 하나를 당시 갈대바다라 이름하였고 그 바다를 건넌 것이다.

1장

1:1 애굽에 이른 이스라엘. 야곱이 애굽에 들어갔다. 그러나 그들은 이후에 다시 애굽에서 나갈 것임을 알았다. "요셉이 그의 형제들에게 이르되 나는 죽을 것이나 하나님이 당신들을 돌보시고 당신들을 이 땅에서 인도하여 내사 아브라함과 이삭과 야곱에게 맹세하신 땅에 이르게 하시리라 하고"(창 50:24)

1:7 생육하고 불어나 번성하고. 애굽에 들어간 이스라엘(야곱)의 가족은 하나님의 명령에 따라 '생육하고 번성'하였다. 하나님께서 아담과 하와를 창조하시고 '생육하고 번성하라' 하셨다. 노아 자손에게도 '생육하고 번성하라'하셨다. 하나님은 그 백성이 이 땅에서 '생육하고 번성하라' 하신다. 생육하고 번성할 수 있도록 지키신다. 이스라엘은 지난 350(430-80(모세의 출애굽 때 나이))년 세월 동안 생육하고 번성하였다. 그들의 생육과 번성은 하나님의 뜻을 잘 반영한다. 하나님의 뜻을 잘 이행한 것이다. 세상에서 생육하고 번성하는 것이 사람들의 탐욕으로 변질되어 문제가 되는 경우가 많다. 그러나 기본적인 하나님의 뜻은 생육하고 번성하는 것이다.

그들의 생육과 번성이 애굽보다 더 번성한 것은 아니었다. 그러기에 생육과 번성이 세상 사람들보다 더 잘 살고 그들을 정복하는 것을 의미하는 것은 아니다. 신앙인의 생육과 번성은 하나님의 뜻을 이루기 위해 기본적으로 이 땅을 살아가는 것이며 크게 부족함 없이 하나님의 뜻을 이루어 갈 준비가 된 것이다. 우리의 욕심을 채우고 다른 사람보다 더 부요하고 세상을 정복하는 그런 번영이 아니다.

신앙인에게 생육하고 번성하는 것은 그렇게 탐욕을 부리지 않아도 하나님께서 기본적으로 주시는 것이다. 특별한 경우가 아니면 그것이 기본이다. 이스라엘의 지난 350년의 세월처럼 말이다. 그들의 350년 세월이 기록되지 않았지만 하나님께서 그들을 생육하고 번성하게 하셨다. 지키셨다. 오늘 우리의 생육하고 번성하는 것도 기본이다.

그것에 대해 그리 염려하지 않아도 된다. 우리에게 중요한 것은 '사는 것'이 아니라 '바르게 사는 것'이다.

1:8 요셉을 알지 못하는 새 왕. 요셉이 애굽에서 행한 일이 참으로 탁월하여 이전 왕들은 이스라엘 사람들에게 고마움을 가지고 있었다. 그런데 세월이 흐르고 왕조가 여러 번 바뀌면서 상황이 바뀌었다.

1:10 이 땅에서 나갈까 하노라. 애굽의 왕은 이스라엘 백성이 나가는 것을 걱정하였다. 이스라엘은 자신들과 다른 민족이고 문화가 다른데 그들이 애굽을 나가면 국력 손실이 일어나리라 생각한 것으로 보인다.

1:11 비돔과 라암셋. 애굽의 북동쪽에 살고 있던 이스라엘 사람들을 이용하여 북동쪽 국경선 가까운 곳에 두 성을 건축하게 하였다. 외국의 공격을 방어하기 위한 성으로서 성벽을 튼튼히 하고 전쟁에 필요한 양식을 쌓아 놓아야 하므로 많은 수고를 해야 하는 일이었다.

1:14 어려운 노동. 바로는 더욱더 어려운 숙제를 내 주어 일에 일을 더 시켰다. 그렇게 바쁘게 되었을 때 문제가 생겼다. '일'로 번역된 단어는 섬김, 예배로도 사용하는 단어다. 일을 더 많이 한다는 것은 상대적으로 예배할 시간이 줄어드는 것이 된다. 이스라엘 백성들이 하나님께 예배하는 시간을 확보하는 것이 더 힘들어졌다. 이 부분에서 세상과 더욱 큰 불협화음이 생겼다.
이스라엘 백성의 번영은 하나님을 예배하고 섬기기 위한 번영이다. 그 번영은 번영이 목적이 아니라 예배하는 시간 확보를 위한 번영이기도 하다. 그러나 하나님을 예배하는 것을 모르는 세상은 그들에게 세상의 일을 더 많이 시킴으로 자신들의 이익을 취하고자 하였다. 세상은 근본적으로 타락하였기 때문에 신앙인들과 가치관이 부딪히는 곳이 있기 마련이다.
이스라엘 백성이 애굽에서 번영하였다. 그들의 번영은 하나님께서 주신 번영이다. 번영은 모든 신앙인의 가장 기본적인 삶이다. 그러나 신앙인은 번역 자체가 목적은 아니라는 것을 명심해야 한다. 세상은 번역이 목적이다. 그래서 결국 중요한 지점에서 상충될 것이다. 그러나 그러한 부딪힘을 걱정할 필요 없다. 하나님께서 중재자가 되시고 하나님께서 세상의 통치자가 되시기 때문이다. 그러한 일이 있을 때 중요한 것은 구분되는 것이다.

1:15 히브리 산파를 이용하여 남아 출산율을 줄이려 하였다. 애굽 왕이 이렇게 집요하게 이스라엘 민족을 억제하기 위해 노력하는 것은 아마 힉소스 왕조가 애굽의 북부 지역을 지배했던 과거에 대한 기억 때문일 것이다. 힉소스 왕조는 셈족으로서 애굽의 북부 지역을 100년 동안 지배했다. 지금은 다시 애굽 사람들이 통치권을 가지고 있었다. 역시 셈족인 이스라엘 민족이 제 2의 힉소스 왕조와 같이 되지 않도록 노력하였던 것으로 보인다.

애굽 왕. 당대의 애굽 왕이 누구일까? 이게 어렵다. 출애굽을 이른 시기로 잡는 경우 주전 1446년이다. 이 시기가 성경에서 말하는 연대와 가장 잘 어울린다. 그 경우 당대의 애굽 왕을 아멘호텝 2세로 본다. 출애굽의 연대를 조금 늦은 시기인 주전 1250년경으로 잡는 사람들도 있다. 그 경우 애굽 왕은 사람들에게 유명한 람세스 2세다. 애굽 왕 이름을 밝히고 있지 않기 때문에 연대를 잡기가 어렵다. 당시 역사는 연대를 잡을 때 왕의 즉위년을 기준으로 하여 왕의 이름과 통치 연수를 적었다. 그렇게 세상사에서 왕은 기준이다. 애굽 왕은 가장 강대한 왕이었기에 가장 중요한 사람이다. 그러나 성경은 애굽 왕의 이름을 밝히지 않고 있다. 중요하지 않기 때문이다. 그것 때문에 오늘날 신학자들이 골머리를 앓고 있기는 하지만 그것보다 더 중요한 것은 애굽 왕이 구원사에서 결코 중요하지 않다는 것이다. 그는 단지 이스라엘 민족을 억압하였던 나쁜 사람일 뿐이다.

히브리. '아피루'와 연결된 단어로 이 단어는 당시 토판에 많이 나오는 단어다. 지금 우리에게 히브리는 이스라엘 민족을 지칭하는 단어이지만 이 당시 '아피루'는 사회적 용어로 아웃사이더를 부르는 데 사용된 것으로 보인다. 사회에서 추방된 사람, 소유 재산이 없는 사람, 유목민 등에 사용된 단어다. 그러기에 당시 이스라엘 사람들은 애굽에서 이방인으로 그렇게 취급받으며 살고 있었다는 것을 의미한다.

1:17 하나님을 두려워하여. 산파들이 애굽 왕을 두려워하지 않고 하나님을 더 두려워하였기 때문에 왕의 명령을 어겼다. 남자 아기들을 살렸다. 그것은 매우 위험한 일이다. 그러나 여인들의 그러한 용기 때문에 성경에 자신들의 이름을 남겼다. '십보라' '부아'. 사람들은 그들의 이름을 잘 기억하지 못할지 몰라도 하나님은 그들의 이름을 성경에 기록하게 하셨으며 그들의 이름을 바로 보다 더 존귀하게 만들어 주셨다.

1:19 산파가 이르기 전에 해산하였더이다. 어떤 사람들은 하나님께서 산파의 이러한 거짓말을 인정해 주셨다고 생각한다. 그러나 그렇지 않다. 그래도 거짓말은 거짓말일 뿐이다. 목적이 선하여도 거짓말은 옳지 않다. 그러나 그의 거짓말에도 불구하고 그에게 은혜를 베푸셨다.

1:20 은혜를 베푸시니. 하나님께서 이스라엘 민족을 번성하게 하셨고 특별히 하나님을 경외하여 애굽 왕의 명령에도 불구하고 하나님의 뜻을 따라 순종한 산파들에게 은혜를 베푸셨다. 애굽 왕의 명령을 어겼기에 산파들에게 힘든 일이 생길 줄 알았는데 오히려 더 번영하였다. 세상의 힘을 가진 이들의 요청을 거절하면 일단은 크게 손해를 볼 것 같다. 손해를 보기도 한다. 그러나 많은 경우 하나님께서 돌보셔서 손해보지 않게 하신다. 세상의 권력을 두려워하지 말아야 한다.

1:21 산파들은 하나님을 경외하였으므로. 하나님께서 그들의 경외를 보고 그들의 집안을 흥왕하게 하셨다고 말씀한다. 그들이 거짓말을 하는 연약함은 있었지만 애굽 왕보다 하나님을 경외하는 그들의 마음을 보시고 흥왕하게 하신 것이다.

당대에 가장 힘 있고 유명한 사람과 전혀 주목받지 못하는 여인을 비교하여 함께 살펴보았다. 성경은 여인의 손을 번쩍 들어주었다. 우리들의 삶은 오직 하나님을 경외하는 만큼 값지다. 하나님을 경외하라.

2장

2:2 여자가 임신하여 아들을 낳으니...숨겼으나 애굽 왕의 명령이 이느 성도 전반적으로 그리고 어느 정도 지속적으로 이어졌는지는 모른다. 왕의 명령이 있은 지 얼마 되지 않아 한 여인이 아기를 낳았는데 '아들'을 낳았다. 그보다 세 살 더 많은 형 아론이 있는 것을 통해 볼 때 애굽 왕의 명령이 공포된 지 오래 되지는 않은 것으로 보인다. 그러기에 애굽 왕의 명령은 더 무섭고 강하였을 것이다. 그러나 아기의 엄마는 강하였다. **석 달 동안**. 왜 석 달 동안만 숨길 수 있었을까? 대부분 문화권에서 아기를 낳으면 회복 기간이 있다. 그 기간에는 주로 외부로 노출되지 않고 방에만 있다. 그래서 외부 사람은 그가 아들을 낳았는지 딸을 낳았는지 잘 모른다. 그러다가 여성이 회복 기간이 지나 외부로 노출이 되면 아들을 기르는 것이 들켜 문제가 될 것이다.

2:3 갈대 상자. 작은 방주와 같다. '상자'로 번역한 단어는 다른 곳에서는 오직 창세기에만 나오는 단어인데 모두 '방주'로 번역한다. 아기의 부모는 작은 방주를 만들어 '강가 갈대 사이'에 두었다. **강가 갈대**. 갈대 상자의 갈대와 다른 단어로 강의 '수풀을 통틀어 말하는 단어'다. 아마 강의 얕은 물 가 수풀이 우거진 곳에 갈대상자를 둔 것으로 보인다.
갈대 상자를 방수 처리를 철저히 한 후 얕은 강가에 둔 것은 오늘날

마치 고아원이나 병원 계단에 아기를 놓아둔 것과 같다. 강가는 여성들이 빨래하거나 씻기 위해 오는 곳이다. 히브리인 남자 아기를 히브리인은 키우지 못해도 애굽 사람들은 키울 수 있기에 누군가 입양하기를 원하는 마음에 그렇게 하였을 것이다.

2:5 바로의 딸이 목욕하러. 바로의 딸이 목욕하러 왔다가 아기를 발견하였다. 이 딸이 누구인지는 정확하지 않다. 람세스 2세의 경우 공주가 60명 정도였다고 한다. 왕은 곳곳에 사냥하러 다니면서 궁전과 처소가 있었다. 그래도 바로의 딸이 아기를 발견하게 된 것은 참으로 놀라운 기적이다. 공주가 키운다고 하면 누가 반대할 수 있겠는가? 아기가 공주를 만날 가능성은 확률로 따지면 거의 불가능이다. 그러나 하나님께서 하시는 일이라는 것을 생각하면 이것은 100% 가능성이다. 하나님께서 하시고자 하시면 어떤 기적도 평범한 일이다.

2:7 히브리인 여인 중에서 유모. 모세의 누나는 공주에게 자신이 '유모'를 소개시켜 줘도 되는지 물었다. 아기를 돌보는 사람을 '보모'라 하고 젖을 먹이는 사람을 '유모'라 한다. 당시 유모는 보통 3년 정도 기르면서 젖을 줬다.

2:9 아기를 데려다가 젖을 먹이더니. 죽을 수밖에 없는 처지로 태어난 아기는 결국 갈대상자 안에서 건짐을 받아 바로의 딸의 아들로 자라게 되었다. 바로의 딸의 아들이지만 가장 중요한 유아기 교육은 자신의 엄마로부터 배우면서 자라게 되었다.

2:10 아기가 자라매. 아기는 평균적으로 한국 나이로 4살이며 조금은 더 늦게 공주가 데려갔을 수도 있다. 공주는 아기의 이름을 '모세'라 지었다. **모세**. 모세는 당시 애굽에서 매우 흔한 이름이었다. 모세의 뜻은 '~출생' '~의 아들"이다. 반쪽짜리 이름이다. 출애굽이 이른 시기에 이루어졌으면 모세 당시 바로가 투트모세 2세다. 그 뜻은 '투트라는 신의 아들'이라는 뜻이다. 그래서 모세도 분명히 애굽의

다른 신의 이름이 들어갔을 텐데 성경을 기록할 때 이방신의 이름으로 되어 있는 것이 싫어 뺐을 가능성이 높다. 모세는 히브리어로는 '건져낸'이라는 단어와 비슷한 발음이다. 애굽어와 히브리어도 어느 정도 알고 있었을 공주가 이중적 의미로 이 이름을 사용했을 가능성도 있다. 무엇보다 하나님께서 섭리하신 것으로 보인다.

모세는 하나님께서 강에서 구해주신 아기다. 모세는 하나님의 자녀다. 그래서 강의 갈대 사이에서 건짐을 받은 아기가 이후에 '갈대 강(홍해)'에서 하나님의 도구가 되어 이스라엘을 구원할 것이다. 하나님께서 하나님의 자녀인 이스라엘 백성을 건지시기 위해 모세를 태어나게 하시고 준비시키심을 볼 수 있다. 사람들은 모르지만 하나님은 다 계획이 있으셨다. 하나님께서 계획을 하나하나 이루어 가고 계셨다.

모세는 태어나자마자 죽을 수밖에 없는 상황이었으나 오히려 그래서 애굽의 공주 아들이 될 수 있었다. 가장 중요한 유아시절 친모로부터 젖을 먹고 신앙 교육을 받았고 이후에 왕궁에서 당대의 가장 뛰어난 학문을 배울 수 있었다. 가장 어두운 시기에 모세가 태어났으나 오히려 가장 잘 준비될 수 있었다. 누구도 상상할 수 없었던 일이다. 하나님은 그 백성을 위해 일하신다. 모세는 앞으로 이스라엘에 있을 출애굽에 가장 걸맞은 이름을 애굽인 공주에 의해 가지게 되었다. 모든 것이 하나님의 섭리에 의해 일어난 일이다.

오늘 우리는 하나님의 섭리를 잘 모른다. 그러나 분명한 사실은 그 백성을 위해 섭리하신다는 사실이다. 우리는 하나님께서 이끄시는 큰 걸음을 볼 수 없지만 신뢰하며 우리가 오늘 걸어야 하는 작은 한 걸음을 걸어가야 한다.

2:11 모세가 장성한 후. 모세는 애굽의 궁전에서 40년을 보냈다. 오늘날 많은 재벌 2세나 왕자들이 자신들의 부유한 위치에서 타락한다. 특히 모세 같은 경우 자신의 혈통의 비밀을 알고 있기 때문에 더욱더 비뚤어질 수 있는 처지였다. 왕자이나 실제로는

사람들에게 인정받을 수 없는 그런 처지였다. 그런 경우 사회를 부정하기 쉽다. 자신의 혈통이 비천한 히브리인 인 것을 부끄러워하고 숨기고 싶을 수 있다. 그러나 그는 그렇게 하지 않았다. 세상 사람들은 히브리인을 비천하다 하였지만 그는 하나님의 백성이라는 자긍심을 가지고 있었던 것 같다. 그렇게 그는 40년 동안 잘 자랐다. 이스라엘 백성들은 계속 기도하였을 것이다. 그들의 고된 시간이 끝나고 하나님의 약속의 때가 오기를 기도하는 사람들이 많이 있었을 것이다. 그러나 하나님의 응답이 없었다. 그러나 그때 하나님은 모세를 준비시키고 계셨다.

자기 형제들에게 나가서 그들이 고되게 노동하는 것을 보더니. 왕자 모세는 궁전에 있어야 하는데 왜 천한 노동 현장에 있었을까? 자기 백성들이 고생하는 것에 마음이 아파 그렇게 노동 현장에 가곤 하였던 것 같다. '보더니'라는 단어는 단순히 보는 것이기보다는 '관심을 가지고 보는 것' '이해심으로 보는 것'을 의미한다. 하나님께서 이스라엘 백성들을 긍휼히 여기셨는데 모세가 그 백성들을 보는 눈이 바로 하나님의 마음으로 보는 눈이었다.

2:12 애굽 사람을 쳐죽여. 모세가 다가가 그 감독관을 쳤다. 결국 죽음에 이르렀다. 이 일로 인하여 모세는 바로의 미움을 사서 도망가야 하는 처지가 되었다. 바로의 입장에서는 모세를 매우 위험한 인물로 생각하게 되었을 것이다. 그가 애굽의 교육을 받아 애굽인이 된 줄 알았는데 철저히 히브리인이었기에 최고의 교육을 받은 그가 언제든 히브리인의 리더가 될 수 있었기 때문이다. 모세는 어느새 애굽의 바로도 인정하는 리더의 자격을 갖춘 사람이 되어 있었다. 하나님께서 준비시키신 것이다. 사람들은 몰랐고 모세도 몰랐겠지만 하나님께서 모세를 준비시키셨다.

2:22 게르솜. '타국에서 나그네가 된' 자신의 처지를 잘 인식하고 있는 것을 볼 수 있다. 그렇게 그의 인생은 저물어 가는 것 같았다. 그러나 그의 미디안의 기간은 힘을 빼는 매우 중요한 기간이 되었을 것이다.

그가 애굽에 있을 때 하나님께서 그를 쓰신다고 하셨으면 그는 바로 응답하였을 것 같다. 하나님의 뜻을 따른다 하면서 그의 힘과 뜻으로 무엇인가를 더 성취하려고 했을 것이다. 그러나 미디안에서 40년이라는 긴 기간 힘을 뺐기 때문에 그는 하나님의 뜻을 더 잘 순종할 수 있었을 것이다. 하나님의 사람에게는 자기 힘 자랑하는 사람은 아무 쓸모가 없다. 더 위험하다. 자신의 힘을 다 뺀 사람이 가장 적합하다. 어쩌면 그래서 애굽에서의 40년만큼이나 미디안에서의40년이라는 기간이 필요했는지 모른다. 애굽에서 많은 학문을 배우며 채우는 시간이 40년 걸렸다면 이제 힘 빼는 단 하나의 일을 배우는데 40년이 걸렸다 할 수 있다. 힘 빼기는 가장 어려운 기술이요 성품인 것 같다.

2:23 이스라엘 자손은 고된 노동으로 말미암아 탄식하며 부르짖으니. 그들이 이 시점에만 부르짖었을까? 아닐 것이다. 일이 힘들어진 시점부터 계속 부르짖는 사람이 있었을 것이다. 아니 애굽에 들어간 때부터 아브라함에게 주신 약속을 믿고 기도한 사람들이 있었을 것이다. 그들이 죽고나서 또 바통을 이어받는 많은 사람의 부르짖음이 있었을 것이다. 그러한 마음과 마음이 쌓였다. 기도와 기도가 쌓였다. **소리가 하나님께 상달된지라.** 그들의 기도를 처음부터 하나님께서 듣고 계셨을 것이다. 그리고 수학의 임계점처럼 이제 하나님께서 계획하신 일을 하실 때가 되었음을 말하는 것이다.

2:24-25 들으시고...기억하셨더라. 하나님께서 그들의 기도를 듣고 계신다. 그들의 기도에 따라 하나님께서 모세를 애굽에 보내시기 위해 이제 일하실 때가 되었다. 하나님께서 주권적으로 일하신다. 오래전부터 모세를 준비시키셨다. 그런데 이러한 모든 일에도 백성들의 기도가 중요한 역할을 하였다는 것을 기억할 필요가 있다. 하나님의 주권을 믿는다고 손을 놓고 있는 것이 아니라 사람편에서는 부단히 기도하고 간구해야 한다. 그러한 기도와 수고가 하나님의 때를 만든다.

3장

3:1 산 호렙. 호렙산은 시내산의 다른 이름이다. '호렙'은 '광야' '황폐'등의 의미를 가지고 있다. 이 산이 매우 척박한 산이었기 때문에 그런 이름이 붙여진 것 같다. '히브리'의 어원인 '아피루'가 '재산이 없고 사회적으로 떠돌이'를 의미한다. 요즘 말로 '아웃사이더'다. 이스라엘 민족은 대표적인 히브리였고 모세는 히브리인 중에서도 또 아웃사이더가 되어 미디안에 있었다. 아웃사이더 중에 아웃사이더가 황폐한 산에 올랐다.

3:2 떨기나무. 호렙산은 황폐한 산이기 때문에 나무가 거의 없었다. 그는 '떨기나무'를 보았다. 떨기나무는 '관목'을 말하는 단어로서 하나의 줄기가 아니라 개나리처럼 여러 줄기가 자라는 나무 종류를 일컫는 단어다. 관목은 키가 크게 자라지 않는다. 황폐한 산에 간혹 떨기나무들이 있었다. 아무 힘없는 한 사람이 황폐한 산에서 보잘것없는 한 떨기나무가 있는 것을 보았는데 바로 그곳에서 모세는 특이한 현상을 발견하였다.
떨기 나무에 불이 붙어 타고 있는데 타서 없어지지 않는 것이었다. 떨기나무에 불이 붙는다는 것은 거의 완전히 말랐다는 것이고 그러면 줄기가 가늘기 때문에 바로 불에 다 타서 없어져야 하는데 계속 불이 있었다.

3:4 그를 불러. 신기해서 모세는 더 가까이 가서 보려고 접근하였다. 그때 떨기나무 가운데서 하나님께서 말씀하셨다. '떨기나무 가운데서' 모세를 부르셨다. 호렙산의 떨기나무에 하나님께서 그 가운데 임하신 것이다.

3:5 가까이 오지 말라 네가 선 곳은 거룩한 땅이니 내 발에서 신을 벗으라. 어찌 황량한 호렙산이 거룩한 땅이 되고, 작은 관목에 불과한

떨기나무가 있는 곳이 거룩한 땅이 되었을까? 그곳에 하나님께서 임재하셨기 때문이다. 어느 곳이든 하나님께서 임재하시면 그곳은 거룩한 곳이 된다. 오늘날 우리도 당연히 그렇지 않을까?

3:8 건져내고. 하나님께서 애굽에 가서 이스라엘 백성을 건져내실 것이라 하셨다. 모세는 이 말씀에서 자신의 이름이 '건져낸 자'라는 사실을 생각했을 것이다. 모세를 건지셨던 것 처럼 이스라엘을 건지실 것이다.

젖과 꿀이 흐르는 땅. 이스라엘을 애굽의 척박한 땅에서 가나안의 젖과 꿀이 흐르는 땅으로 데려가실 것이라 말씀하셨다. '젖'은 양이나 염소에서 나오는 젖을 의미안다 그곳은 많은 양과 염소를 키우기에 좋은 땅이라는 뜻이다. '꿀'은 벌이 만들어내는 꿀도 포함하겠지만 대추야자, 포도, 무화과 등을 시럽으로 만든 것을 주로 말하는 것이다. 그렇게 다년생 식물이 자라는 비옥한 땅을 주시겠다는 의미다.

3:10 내가 너를 바로에게 보내어. 하나님의 보내심을 듣고 모세는 자신이 애굽에 있었을 때가 주마등처럼 떠올랐을 것이다. 감독관 한 명 죽인 것 때문에 도망쳤던 곳이다. 애굽에 얼마나 강하고 많은 군대가 있는지 잘 알고 있다. 그때는 자신이 왕자였지만 지금은 아무 힘도 없는 늙은이일 뿐이다. 떠돌이 목자일 뿐이다.

3:11 내가 누구이기에. 모세는 자신이 대체 무슨 힘이 있으며 무슨 방법으로 그들을 데려오느냐고 물었다. 놀라운 광경과 하나님 앞이라는 참으로 경외의 자리였기에 거절할 수 없는 자리였지만 모세가 생각하기에 그것은 말이 안 되기 때문에 이렇게 질문하였을 것이다. 그런데 사실 모세가 생각한 가장 자격 없다고 생각한 그것이 사실은 가장 좋은 자격이었다.

3:12 너와 함께 있으리라. 모세를 보내심은 모세의 힘으로 그 백성을 출애굽시키는 것이 아니라 하나님께서 출애굽시키시는 것이다. 모세를

보낼 때 하나님께서 '내가 내려간다'고 먼저 말씀하셨었다. 다시 말씀하시기를 '내가 반드시 너와 함께 있으리라' 말씀하신다. 전능하신 하나님께서 함께 하시니 무엇인들 못하겠는가?

3:13 그의 이름이 무엇이냐. 그는 이스라엘 백성들의 질문을 가정하여 질문하였다. '그의 이름이 무엇이냐'고 하면 내가 무엇이라고 말해야 합니까?

3:14 나는 스스로 있는 자이니라. . 이것의 발음을 조금 축약하면 '여호와'가 된다. 그렇다면 이스라엘 백성들이 여호와의 이름을 모르고 있었을까? 아닐 것이다. 여호와의 이름을 셋의 때(창 4:26) 불렀다고 말한다. 그 이후로도 자주 나왔다. 그렇다면 이것은 무엇에 대한 질문일까?

'그의 이름이 무엇이냐'는 질문에 주의해야 한다. '누구'가 아니고 '무엇'이다. 이것은 단순히 이름을 물어본 것이 아니라 '특성'을 물어본 것이다. 이것은 모세가 이스라엘 백성이라는 이름을 빌려 묻고 있는 것이지만 사실 자신의 질문이었을 것이다. 어쩌면 이스라엘 백성도 이것을 물을 수는 있다. '하나님께서 너를 보내셨다고 하는데 그 분이 어떤 새로운 것(특성)을 이야기하면서 보내셨냐'는 질문이 될 수 있다.

새로운 것을 질문하는 그들에게 하나님께서 본질에 대해 깨우쳐 주셨다. 하나님은 '스스로 계신 분'이다. 하나님은 '나는 내가 있는 것으로 있다'고 말씀하신다. 이 구절은 모세에게 대답한 것을 넘어 모든 시대에 가장 중요한 가르침을 주는 것이기도 하다. 세상은 늘 '우리가 어디로부터 왔느냐'는 질문을 가지고 있다. 세상은 무에서 유로 된 것이 아님은 분명하다. 어떤 무도 유를 만들 수 없기 때문이다. 또한 세상은 유에서 유로 만들어진 것도 아니다. 세상에 있는 어떤 유도 지금의 유를 만들지 않았음이 분명하다. 그리고 어떤 유도 자기 자신의 탄생에 대해서 말할 수 있어야 다른 유를 만들었다 할 수 있다. 그렇다면 무도 아니고 유도 아니어야 한다. 오직 '스스로 계신 하나님'만이 유를 만드실 수 있다.

3:17 고난. 이스라엘 백성들은 고난 가운데 있었기 때문에 그곳에서 헤어나와야 한다. 하나님께서 그들에게 젖과 꿀이 흐르는 땅을 약속하셨기 때문에 그곳에서 나와 젖과 꿀이 흐르는 땅으로 가야 한다. 그런데 가장 중요한 것은 그것이 아니다.

3:18 여호와께 제사. 그들이 출애굽해야 하는 가장 중요한 이유는 '우리가 우리 하나님 여호와께 제사를 드리려' 광야로 가야 한다고 말하라 말씀하신다. 그들은 자유롭게 하나님을 예배하기 위해 나와야 했다. 그들이 애굽에서 예배할 수는 있을 것이다. 그러나 많은 것이 제약되었다. 특히 그들은 많은 고된 노동으로 인하여 하나님을 향한 노동(예배)를 할 수 없었다.

사흘길쯤 광야로 가도록 하락하소서. 얼핏 보면 거짓말하는 것처럼 보인다. 그러나 이후에 모세와 바로의 줄다리기를 보면 단순히 제사하고 오는 것이 아니라 완전히 나가는 것을 말하는 것임이 분명하다. 출애굽하는 것이 전제되어 계속 이야기하고 있다. 그러기에 이것은 단순히 제사하고 오겠다는 뜻이 아니라 나가겠다는 완곡한 표현법일 것이다.

3:19 허락하지 아니하다가. 물론 애굽은 반대할 것이다. 그것이 당연하다. 세상은 우리가 그렇게 신앙이 좋은 것을 좋아하지 않는다. 자신들의 이익만 생각할 뿐이다. 그러나 하나님이 우리 편이다. 애굽이 아무리 강하여도 하나님께서 치셔서 그들이 출애굽할 수 있도록 하실 것이다. 그러기에 환경은 걱정할 필요가 없다. 이스라엘 백성의 의지가 중요하다.

3:22 전쟁에서 승리할 때 전리품을 얻듯이 전리품을 얻어서 나오게 될 것이다. 모든 전쟁이 그러하듯이 그 과정이 힘들 수는 있지만 그 모든 과정을 보충하고도 남을 전리품이 있다.

4 장

4:1 그들이 나를 믿지 아니하며 내 말을 듣지 아니하고. 이스라엘 백성은 애굽에서 힘든 삶을 살고 있었다. 그들은 힘든 삶의 변화를 위해 기도하고 있었다. 그 기도를 들으시고 하나님께서 모세를 보내시려고 하시는 것이다. 모세는 그들의 반응에 대해 '거부'를 예상하였다. 이후에 실제로 모세가 가서 말하였을 때 모세의 예상대로 그들은 모세의 말을 믿지 않았다.

변화를 원하였어도 변화를 위해 실제적인 어떤 행동을 해야 할 때가 되면 그들은 그것을 거부할 것이다. 그들이 악해서 그렇게 변화를 거부하는 것이 아니다. 변화는 그만큼 어렵다. 변화가 어려운 것은 그것으로 인하여 많은 것을 잃기 때문이다. 이전에 익숙하던 것에서 바뀌는 것이며 또한 그것으로 인하여 더 많은 것을 잃을 수도 있다. 모세가 전하는 출애굽과 가나안 땅으로의 입성은 아브라함 때의 약속으로 꿈같은 일이지만 지금 당장 그것을 따른다는 것은 불가능한 것 처럼 보일 수 있고 엄청난 희생이 될 수도 있다. 그래서 그들은 거부할 것이다. '변화가 필요하다고 생각'하는 것과 '실제 변한다'는 것은 엄청난 차이이다. 변화가 필요하다는 생각은 많은 사람이 할 수 있지만 실제로 변하는 것은 아주 소수의 사람만이 할 수 있다.

4:2-3 지팡이...뱀. 첫 번째 표적은 '지팡이가 뱀이 되는 기적'이다. 막대기가 뱀으로 변하는 표적은 간단하면서도 가장 핵심이 되는 기적이다. 오늘날 관점으로 보면 마술 정도에 불과하다. 사실 요즘도 뱀을 순간적으로 최면에 걸어 경직되게 하여 마치 지팡이처럼 만들 수 있다고 한다. 그런 마술적 시각으로 보면 지팡이가 뱀이 되는 것은 큰 기적 같지도 않아 보일 수 있다. 그러나 이 표적은 마술적 시각으로 쉽고 어려운 것을 따지는 것이 아니다. 당시 애굽은 뱀을 숭상하는 문화였고 또한 바로의 권세를 상징하였다. 그래서 모세가 뱀으로 변하는 지팡이를 손에 잡고 있다는 것은 모세가 바로보다 더 큰

권세를 쥐고 있음을 상징적으로 말하는 표적이다. 하나님께서 그 권세를 모세에게 주신 것이다.

4:6-7 손...나병. 두 번째 표적은 '손이 심각한 피부병에 걸렸다가 낫는 기적'이다. 권세에 대한 강화 표적이다. 두 번째는 사람의 생과 사를 바꾸는 권세다.

4:9 강...피. 세 번째 표적은 '강물이 피가 되는 기적'이다. 애굽에서 가장 중요하며 숭배하기까지 하는 나일강의 물을 피로 바꿈으로 창조주 하나님의 권세가 그곳에 임하고 있음을 보여주는 것이다.

모두 변화에 대한 기석이나. 놀라운 변화다. 모두 하나님께서 행하심으로 일어나는 변화다. 도저히 바뀌지 않을 것이 실제로 바뀌는 변화다. 하나님의 권능으로 바뀌는 것이다. 하나님께서 바꾸지 못하실 것이 없기 때문이다.

애굽에 살던 이스라엘 백성에게 변화가 필요하였다. 변화가 필요하다는 것은 모두가 아는 일이었다. 그러나 변화해야 하는 시점에 그 앞에 서면 변화를 거부할 것이다. 두렵기 때문이다. 그래서 변화를 보증할 표적이 필요했다.

교회에 다니는 사람이라면 모두 아는 아주 유명한 이러한 사건을 보면서 오늘날 사람들은 자신들에게도 그러한 표적을 구하기도 한다. 그러나 그러한 표적을 모세가 구한 것이 아니라는 것을 알아야 한다. 모세는 백성들이 받아들이기를 원하였고 그것을 위해 하나님께서 표적을 주신 것이다. 아주 유명한 사역자인 세례요한은 표적을 전혀 행하지 않았다. 그러나 그는 예수님의 오시는 길을 아주 잘 닦았다. 사람들이 성경에는 많은 기적이 일어난 것으로 착각한다. 그러나 만물의 주인이신 예수님이 그렇게 하셨던 것을 빼면 사실 성경에는 기적이 매우 적게 기록되어 있다. 아브라함이나 다윗 등 어떤 누구도 그런 기적을 행했다는 이야기가 없다. 기적이 있어야만 하나님께서 행하신 것이 되는 것이 아니다. 하나님께서 행하시는 일을 기적으로만

한정하는 것은 사람들의 자기 멋대로의 생각이다. 그것은 하나님을 가두는 것이다. 하나님께서 행하시는 방법은 매우 다양하다. 오늘날 기적으로 표적을 삼는 경우를 본적이 없다. 오늘날 표적은 성경이다. 성경 이외의 기적은 더 이상 결코 표적이 될 수 없다. 기적이 없어도, 로또에 당첨되지 않아도 여전히 하나님은 우리를 돕고 계신다. 어느 때나 마찬가지로 하나님은 우리의 구원(변화)을 위해 일하고 계신다. 하나님의 권능의 인도하심에 마음을 열고 순종해야 한다. 그러면 인생은 놀랍고 매우 영광스럽게 변할 것이다.

4:10 나는 본래 말을 잘 하지 못하는 자니이다. 모세는 자신이 이스라엘 백성을 출애굽시키는 일에 적임자가 아니라고 주장하였다. 모세는 애굽에서 배울 때 왕 곁에 말 전문가들이 있다는 것을 잘 알고 있었다. 그들에 비하면 그는 벙어리라 할 정도로 말을 못한다 생각하였다.

4:11 누가 사람의 입을 지었느냐. 하나님께서 모세에게 질문하시며 잘 생각해 보라 말씀하셨다. 만물을 지으신 하나님께서, 입을 지으신 하나님께서 모세가 말로 바로를 감당 못한다는 것을 아시면서 보내실까? 염려하지 말라 말씀하셨다. 그러나 결국 모세는 마지막으로 거절 비슷하게 또 말한다.

4:13 보낼 만한 자를 보내소서. 완곡 어법으로 말하고 있지만 이것은 거절을 위한 모세의 마지막 시도다. 하나님의 부르심에 모세는 처음부터 여러 이유를 들어 거절하고자 하였다. 모세의 거절에는 긍정적 요소와 부정적 요소 둘 다 있는 것으로 보인다. 긍정적 요소는 자기 부정이다. 만약 모세가 애굽에 있을 때 하나님의 부르심이 있었다면 그는 바로 응답하였을 것 같다. 자기 부정이 안 되어 있었기 때문이다. 그러나 미디안 40년에서 자기부정을 배운 것으로 보인다. 자기 부정은 모든 일의 가장 중요한 요소다. 일하다 보면 자기 교만이 드러나며 자기를 위해 일하기 쉽다. 자신의 출세욕과 교만과 탐욕을 위해 일하는 사람은 가장 위험하다. 자기 부정이 안 된 사람이 리더가

되고 일꾼이 되면 매우 위험하다. 일을 그르친다. 그런 면에 있어 모세의 거절은 자기 부정의 모습의 한 부분이며 그래서 매우 필요하다. 오늘날 리더들이 자기부정이 없어 망하고 있다.

4:14 네 형 아론. 말을 못하는 것이 진정 문제가 될 것 같으면 아론을 보낼 테니 딴 소리하지 말라고 말씀하셨다. 사람의 자기 부정은 매우 필요하다. 그러나 또한 조심해야 할 것은 자기 부정이 하나님 부정이 되지 않도록 해야 한다는 것이다. 자기 부정을 하여도 하나님을 긍정해야 한다. 우리는 힘이 없다. 그러나 하나님은 힘이 있으시다.

4:15 내가 네 입과 그의 입에 함께 있어서. 앞에서는 하나님께서 모세의 함께 하시겠다고 말씀하셨었다. 여기에서는 모세의 입에 함께 하시겠다고 또 말씀하셨다. 모세는 자기의 능력에 대해서는 자기부정이 필요하지만 하나님께서 함께 하시겠다고 하셨기에 하나님의 능력을 인정해야 한다. 하나님께서 함께하시는 데도 불구하고 계속 자기 부정을 하면 그것은 자기 부정이 아니라 함께 하시는 하나님 부정이 될 수 있다.

4:18 내 형제들에게로 돌아가서 그들이 아직 살아 있는지 알아보려 하오니. 모세는 하나님의 말씀에 따라 이스라엘 백성을 '출애굽 시키기 위해 간다'고 말하지 않고 '형제를 살펴보러 간다'고 하였다. 이 말에는 '출애굽에 대한 엄청난 사건'에 대해 아직은 여러모로 감히 꺼낼 수 없는 마음을 담고 있는 것 같다. 장인에게 말하면 '말도 안 된다' 말할 것 같고, 사실 자신이 진짜 그런 엄청난 일을 감당할 수 있을지도 확신이 서지 않는 면도 있었을 것이다.
모세의 말은 어쩌면 가장 적합할 수도 있다. '알아보려 한다'는 단어는 2:11에서 모세가 히브리인들이 힘들게 일하는 것에 관심을 가지고 '노동하는 것을 보더니'에서 '보더니'와 같은 단어다. 40년 전에 인간적인 정으로 살펴보던 그의 마음이 이제 하나님의 말씀을 따라 다시 살피러 가는 것이었다. 그때는 실패하였지만 이제는 하나님의 명령에 따라 가서 출애굽까지 이르게 될 것이다. 그러니 그들을 다시 살피러 간다는 것이 어떤 면에서는 그가 하고 싶었던, 할 수 있는 모습이었을 것이다. 출애굽 시키시는 것은 오직 하나님이 하시는 것이기 때문이다. 모세가 아니라 하나님이시다.

4:19 애굽으로 돌아가라. 이드로의 허락까지 있었으나 모세는 어쩌면 조금 지체하고 있었던 것으로 보인다. 하나님께서 모세에게 다시 말씀하셨다. '애굽으로 돌아가라' 이것은 시내산에서 말씀하신 것을 다시 기록한 것으로 생각할 수도 있으나 집으로 돌아왔을 때 다시 말씀하신 것으로 보는 것이 더 나을 것 같다. **네 목숨을 노리던 자가 다 죽었느니라.** 이것은 하나님께서 모세에게 다시 재촉하시면서 하나님께서 하시는 일이 이미 시작되었음을 말씀하시는 것이다. 이전에 모세를 죽이려던 바로는 죽었고 또한 옆에서 그것을 선동하던 사람들도 죽었다 말씀하셨다. 하나님께서 모세를 보호하시기 위해 미리 일을 하신 것이다. 그러니 모세는 이제 두려워하지 말고 떠나야 한다.

4:20 하나님의 지팡이. 모세는 가장 중요한 것을 가지고 출발한다. 지팡이는 지극히 평범한 나무 막대기에 불과하나 하나님께서 그에게 권세를 주신 상징이며 하나님께서 함께하시는 상징이기도 하다. 모세는 이 지팡이로 일을 하게 될 것이다. 그는 지팡이를 볼 때마다 하나님의 임재를 바라보았을 것이다.

4:21 내가 그의 마음을 완악하게 한즉 그가 백성을 보내 주지 아니하리니. '완악하게 한즉'이라는 단어가 처음 나온다. 앞으로 아주 많이 나온다. 나는 신앙생활을 하면서 이 구절이 이해가 안 되었었다. 하나님께서 '완악하게 하셨다'는 뜻이 무엇인가? 하나님께서 완악하게 하셨는데 어떻게 바로를 탓할 수 있는가? 그런데 이 구절은 우리의 언어의 한계라는 것을 알았다. 이것에서 가장 중요한 것은 '하나님의 주권'이다. 앞으로 바로는 모세의 말을 계속 거절할 것이다. 그때마다

모세는 소심해질 수 있고 낙심할 수 있다. 그런데 이렇게 하나님께서 미리 말씀하심으로 그것을 극복할 수 있다. 이렇게 말씀하셨어도 그것을 극복하기가 쉽지 않다. 그러나 이것을 명심하고 또 명심하면 그것을 조금은 더 쉽게 극복할 수 있을 것이다.

우리는 하나님의 주권을 잘 알고 믿어야 한다. 하나님께서도 우리에게 모세의 사건을 통해 우리에게 동일한 것을 말씀하고 계신다. 우리가 하나님의 뜻을 이루어 갈 때 누군가 마음이 '완악하여' 거절하고 우리를 괴롭게 하고 일을 매우 힘들게 만들 것이다. 그때 우리는 하나님께서 그의 마음을 '완악하게 만드셨다'는 사실을 알아야 한다. 그러나 결국 그 모든 과정을 극복하고 우리는 하나님의 위대한 일을 이루게 될 것이다. 그러니 그들의 완악함에 두려워하지 마라.

이 단어를 번역함에 있어 먼저 '완악하다'로 번역은 조금 안 좋은 번역 같다. 주의를 기울이지 않고 읽는 이가 조금이라도 하나님께서 누군가를 '악하게 만드신다'고 잘못 읽을 가능성이 있기 때문이다. 하나님은 결코 누구를 '악하게 만들지' 않으신다. 그것은 아주 큰 오해다. 이것은 '마음을 변하지 않고 굳세게 잡다'는 의미다. 그래서 '완고하다' 정도로 번역하면 좋을 것 같다. 그렇다면 하나님께서 바로의 마음을 일방적으로 완고하게 만드신 것을 의미할까? 결코 아니다. 하나님의 주권이 있다하여 인간의 책임이 없어지는 것이 아니다. 늘 하나님의 주권이 있고 인간의 책임도 있다. 바로는 자신의 선택으로 완고하게 이스라엘 민족을 보내지 않을 것이다.

4:22 이스라엘은 내 아들 내 장자. 이스라엘은 겉보기에는 애굽의 노예요 순종하지 않는 사람들이요 보잘것없는 사람들이지만 비밀이 있으니 그들은 '하나님의 장자'라는 사실이다. 하나님의 자녀다. 이것을 명심해야 한다. 모세는 이스라엘 백성들이 미운 짓을 하여도 하나님의 시각으로 그들을 다시 보아야 한다. 그들은 참으로 존귀하다. 이 마음을 놓치지 않아야 앞으로 험난한 출애굽의 여정을 잘 갈 수 있을 것이다.

4:24 여호와께서 그를 만나 죽이려 하신지라. 하나님께서 모세를 죽이려 하셨던 사건이다. 이 구절은 출애굽에서 가장 난해한 구절이다. 갑작스럽게 일어난 이 사건은 대체 무엇을 말하고 있는 것일까?

4:25 아들의 포피를 베어. 십보라는 재빨리 상황 파악을 하고 해결하였다. 십보라가 갑자기 아들에게 할례를 행한 것을 보면 십보라는 남편이 갑자기 아픈 원인을 알았던 것 같다. 기록된 사건은 이것이 전부다. 나머지는 추측에 의존할 수밖에 없다. 그렇다면 대체 모세와 십보라에게 이전에 무슨 일이 일어났었던 것일까? 먼저 십보라가 할례를 한 아들은 누구일까? 대부분 첫째 아들 게르솜을 말한다. 그런데 나는 둘째 아들 엘리에셀이 더 가능성이 크다고 생각한다. 두 아들을 데리고 애굽으로 출발하였는데 할례는 한 명만 하였다. 그렇다면 한 아들은 이미 할례를 하였고 한 아들만 할례를 하지 않았다는 것을 의미할 것이다. 그렇다면 당연히 두번째 아들일 것이다.

난지 팔일 만에 할례를 해야 한다. 그런데 모세는 시내산을 갔다 오는 먼 여정에서 돌아왔었다. 그리고 하나님의 말씀에 따라 바로 애굽으로 떠나야 했다. 어쩌면 그래서 둘째 아들에게는 할례를 하지 않았을 것으로 추측할 수 있다. 모세가 없는 사이에 아기가 출산 됐고 아버지가 와서 할례를 했어야 했는데 그렇게 하지 못한 것일 수 있다. 아내인 십보라가 반대하였을 가능성이 높다. 어린 아기에게 먼 여행을 하는데 할례를 하면 아기가 힘들어진다고 생각하였을 것이다. 그런 배경이 있었기 때문에 십보라는 모세가 아프자 바로 하나님의 말씀을 어긴 것 때문이라 생각하여 아들의 할례를 직접 행한 것일 수 있다.

이 사건이 중요한 것은 '언약'의 중요성 부각 때문이다. 모세는 하나님과 이스라엘 백성과의 언약에 따라 애굽으로 가고 있다. 언약은 변두리 문제가 아니라 가장 중요한 핵심 문제다. 그런데 정작 모세가 아들의 할례라는 가장 중요한 언약을 지키지 못하고 길을 가고 있었기 때문에 하나님께서 언약의 중요성을 강하게 교육시키기 위해 이러한 사건이 일어났다고 볼 수 있다.

4:26 할례. 갑작스럽고 어려운 이 사건에 대한 여러 추측적인 해석에서 가장 중요한 것은 '할례'다. 할례를 행하지 않아서 이러한 일이 일어났고 할례를 행함으로 이 사건은 종결되었다. 곧 언약이다. 언약을 지키는 것이 핵심이다.

오늘날 우리가 '하나님의 일을 한다'하면서 때로는 언약을 지키지 않는 것을 본다. 하나님의 일을 하고자 하는 사람은 하나님과의 언약인 말씀을 지키는 것이 가장 중요하다.

4:27 하나님의 산. 아론이 하나님의 말씀에 따라 간 곳은 '하나님의 산' 곧 시내산이다. 이곳은 모세가 떠난 미디안과 아론이 떠난 애굽의 가운데 지점이다. 그러니 모세가 떠날 때 아론도 떠나야 두 사람이 시내산에 비슷한 시기에 도착하고 만날 수 있을 것이다.

모세가 미디안을 떠날 때 하나님께서 애굽에서 아론을 떠나게 하셔서 모든 것을 준비시키셨다. 그러기에 앞에서 아들의 할례 때문에 모세가 많이 아팠던 사건은 모세를 죽이려 하신 것이 아니라 모세에게 언약의 중요성을 가르쳐 주시기 위해 일어난 사건임이 분명하다.

4:31 경배하였더라. 모세의 이야기와 이적을 보고 난 이후 이스라엘 장로들은 '머리 숙여 경배'하였다. 하나님께 경배하며 하나님의 구원하심에 깊이 감사하며 경배하였다. 이스라엘 사람들은 이제 출애굽을 할 준비가 되었다. 이 모든 준비는 하나님께서 하신 일이었다. 모든 것이 준비되어 이제 애굽 왕 바로 앞에 서게 될 것이다. 출애굽을 위해 바로와의 싸움이 시작되는 것이다. 바로와의 싸움이 시작되기 전 모세가 먼저 준비되고 이스라엘 백성들이 준비되었다는 사실을 기억할 필요가 있다.

우리의 싸움에서 준비는 상대방이 아니라 내가 준비되는 것이 먼저다. 중요하다. 내가 준비되고 나서 상대방과의 싸움이 있는 것이다. 우리가 준비되지 않은 채 늘 상대방이 문제인 것처럼 생각하지 말아야 한다. 늘 문제 해결은 내가 준비되는 것이 가장 최우선이라는 것을 명심해야 한다.

5 장

5:1 여호와께서 이렇게 말씀하시기를 내 백성을 보내라. 하나님께서 바로에게 말씀하시지 않고 모세를 통해 말씀하셨다. 이스라엘의 출애굽을 위해 앞에서는 하나님께서 모세를 설득하셨다. 그리고 이제 모세가 바로를 설득할 차례다. 세상을 향해 일하실 때 하나님은 그 백성을 일꾼으로 삼으신다. 바로에게 말씀하실 때 하나님은 철저히 모세를 통해 일하신다. 신앙인은 세상을 향한 하나님의 통로다.

5:2 여호와가 누구이기에 내가 그의 목소리를 듣고 이스라엘을 보내겠느냐. '여호와가 누구이기에'라는 말은 조롱이다. 바로는 들어보지도 못한 신의 이름을 가지고 와서 말하고 있는 모세와 그가 말하는 신을 가소롭게 생각하고 있었다.
우리가 믿는 하나님은 우주의 주인이시다. 그러나 하나님을 모르는 사람들에게는 조롱의 대상일 뿐이다. 그들이 하나님을 조롱하는 것은 당연하다. 모르기 때문이다. 중요한 것은 우리의 태도다. 하나님을 모르는 이들이 조롱하는 것은 큰 문제 되지 않지만 믿는 사람이 경외하지 않는다면 그것은 큰 문제다. 세상이 우리가 믿는 하나님을 조롱하여도 우리는 그것에 현혹되지 말고 우리 안에 계신 하나님을 향한 우리의 믿음이 중요하다는 사실을 기억해야 한다.

5:6-7 이스라엘 백성이 절기를 지켜 자신들의 신에게 예배하러 간다고 말하는 것은 시간이 남고 힘이 남으니 쓸데없는 것을 하는 것이라 생각하였다. 물론 당시 자료를 보면 소수 민족이 자신들의 신에게 예배하기 위해 일을 쉬는 것이 나온다. 그런데 이스라엘은 일을 쉬는 정도가 아니라 광야로 나간다고 하였기 때문에 바로는 강하게 나갔다.

5:14 이스라엘 자손의 기록원. 이스라엘의 책임자들이 애굽의 관리들에게 맞기까지 하였다. 이스라엘 백성들은 열심히 일을 하여도

본래 만들어야 하는 벽돌의 양을 맞출 수가 없었다. 이것을 잘 보아야 한다. 출애굽이라는 가장 위대한 사건에서 세상과의 접촉점의 시작은 '고통 증가'였다. 모세가 어렵게 하나님께 순종하여 바로 앞에 섰는데 그로 인하여 이스라엘 전체 사람들이 힘들어졌다. 모세 혼자만 힘들어졌으면 그래도 참을 수 있는데 이스라엘 사람 전체가 힘들어졌으니 모세는 더욱 힘들었을 것이다. 그러나 이것에 실족하여 멈추면 안 된다.

하나님의 뜻을 이루려 한 것 때문에 이스라엘 백성에게 고통이 증가되었다. 오늘날에도 그러할 때가 많다. 하나님께 순종하는 것이 즉각적으로 복을 가져오는 것이 아니다. 하나님의 뜻에 순종하면 그것 때문에 당장은 어려운 일이 생길 때가 너 많다. 그것을 극복해야 한다. 그래야 출애굽 할 수 있다.

5:15 바로에게. 이스라엘의 일 관리자들이 '바로에게 호소'하기 위해 갔다. '어찌하여 당신의 종들에게 이같이 하시나이까'라고 호소하였다.

5:16 그들이 착각하고 있는 것이 있다. 애굽의 감독관에게 그렇게 지시한 사람이 바로다. 바로가 이스라엘 백성을 괴롭히려고 그렇게 한 것이다. 그런데 그것을 모르고 바로에게 가서 문제 해결을 하려고 했으니 얼마나 어리석은 모습인가? 바로는 그 문제를 풀 수 있는 사람이기도 하지만 그 문제를 만든 사람이기도 하다. 그가 문제를 만들었으니 문제를 풀어줄 리 없다. 그는 문제로 인하여 고통 당할 이스라엘 사람들을 사랑하지 않는다. 이스라엘 사람들은 바로에게 단지 노동력에 불과하다.

5:19 화. 문제를 풀기 위해 바로에게 갔으나 바로는 문제를 풀 생각이 전혀 없었다.

오늘날 문제를 풀기 위해 세상 속으로 들어가 엎드린 신앙인들을 본다. 그곳에서 그들은 모든 수고를 다한다. 그러나 그들에게 돌아오는 것은 문제 해결이 아니다. 오직 문제만 쌓일 뿐이다.

5:20 모세와 아론이 길에 서 있는 것. 그들이 모세를 길에서 우연히 본 것이 아니라 모세가 그들이 바로를 만난 결과가 무엇인지 보기 위해 의도적으로 그곳에서 기다리고 있었다. 모세는 아마 결과를 예측하고 있었을 것이다.

5:22 여호와께 돌아와서...주여 어찌하여 이 백성이 학대를 당하게 하셨나이까. 백성을 학대한 사람은 바로다. 그러나 모세는 모든 일의 주권자는 하나님이심을 알았기에 하나님께 호소하였다. 하나님은 문제의 당사자가 아니다. 그러나 모세가 잘하고 있는 것이다. 하나님은 문제를 풀어줄 수 있는 유일한 분이다.

6장

6:1 이제 내가 바로에게 하는 일을 네가 보리라. 하나님께서 이스라엘 백성을 사랑하시고 힘을 가지고 계시기 때문에 이제 일을 하실 것이다. 애굽 왕 바로의 힘은 하나님의 힘에 비할 수 없다. 바로가 아무리 반대하여도 하나님께서 행하시면 그는 이스라엘 백성을 보내주게 될 것이다. '쫓아낼'정도로 강하게 이스라엘 백성이 출애굽하게 하실 것이다.

6:2 나는 여호와이니라. 하나님께서 만물을 창조하신 분이심을 다시 말씀하셨다. 모세는 그가 만난 문제에 대해 고민할 것이 아니라 그에게 그 일을 하라 하신 분이 어떤 분인지를 다시 기억해야 했다. 우주를 창조하신 분이 그 일을 시키신 것이라면 문제가 애굽의 왕이라는 아주 강력한 힘이라 하여도 그 힘은 전혀 문제가 되지 않는다. 모세에게 소명을 주신 분은 하나님이시기 때문이다.

6:4-5 나의 언약을 기억하노라. 이스라엘 백성의 가나안 입성은 하나님께서 오래전에 약속하신 것이고 그 언약이 성취될 때가 되어 하나님께서 모세를 통해 그 일을 하게 하시는 것이다. 그들은 애굽에서 힘든 삶을 살고 있었고, 그들이 고통에서 벗어나기를 간청하였기에 하나님께서 응답하시는 것이다.

6:8 주기로 맹세한 땅으로. 모세가 지금 하는 일은 갑작스러운 것이 아니다. 아브라함에게 주신 약속에 따른 것이다. 그들이 애굽에 들어갈 때 야곱이 확인하여 준 것이기도 하다. 모세와 이스라엘 백성은 그것을 잘 알고 있었다. 하나님께서 그 약속에 따라 이스라엘 백성을 출애굽 시키시고 가나안에 들어가게 하실 것이다.

6:9 마음의 상함과 가혹한 노역으로 말미암아 모세의 말을 듣지 아니하였더라. 그들은 바로의 의도된 한 방에 나가떨어졌다.
모세가 시내산에서 하나님께 '이스라엘 백성이 자신을 믿지 않으면 어떻게 하느냐'고 질문하였을 때 하나님께서 3가지 이적을 행할 표징을 주시기까지 하였는데 그 모든 것을 보았지만 이스라엘 백성들은 믿음이 부족하여 떨어져 나갔다.

6:12 이스라엘 자손도 듣지 아니하였거든 바로가 어찌 들으리이까. 이스라엘 백성들은 나가 떨어졌지만 하나님께서 모세에게 바로에게 가서 말하라 하셨다. 모세는 이전에 시내산에서 하나님께 변명하였던 '입이 둔한 자니이다'라고 또 말하였다. **입이 둔한**. 문자적으로는 '할례받지 않은'이다. 상징적으로 의미로 말하는 기술이 부족한, 힘이 없는 등의 의미로 해석한다.
이 이야기는 출 3:13-4:17에 있는 시내산에서 모세가 하나님께 받은 소명에 주저하는 3가지 변명과 거의 같다. 그래서 이것은 그때의 사건을 다시 말씀하는 것이 아닌가 하고 의심하는 학자들도 있다. 그러나 이 말씀은 애굽에서 다시 주신 말씀이 분명하다. 모세는 시내산에서 자신이 했던 말을 다시 하고 있다. 시내산에서는 직접 경험하지 않은 상태였다면 지금은 문제 앞에 닥친 상황이라는 것이 다르다. 그렇다면 하나님의 은혜가 참으로 크다는 것을 볼 수 있다. 시내산에서 그렇게 말씀하신 하나님께서 이곳에서 또다시 말씀하시고 계신 것이기 때문이다. 모세는 그가 두려워하고 있기 때문에 다시 물을 수 있다. 그러나 하나님은 이 모든 것에 대해 아시는 분이다. 바로가 얼마나 힘이 없는지도 아신다. 그래서 시내산에서 모세에게 힘을 주는 말씀을 하셨다. 그런데 지금 애굽에서 또다시 반복하는 모세에게 화를 내실만 한다. 그러나 그렇게 하지 않으시고 다시 말씀해 주셨다. 은혜다.

아래 이야기 구조상 12절-30절까지 한 덩어리로 보는 것이 좋다. 12절과 30절이 괄호 기호처럼 같은 말을 반복하여 말한다. 출애굽을 위해 본격적인 이야기가 전개되며 모세와 아론이 바로에게 가야 하는데 갑자기 모세와 아론의 족보 이야기가 나온다

6:13 명령을 전하고. 주어는 하나님이다. 하나님께서 모세와 바로에게 명령을 하신 것을 의미한다. 싸우는 것이 아니다. 하나님은 전능하신 분이기에 명령만 하시면 된다. 하나님은 모세에게 힘든 일을 해내라고 말씀하시는 것이 아니다. 전능하신 분으로서 명령하시는 것이다. 바로에게도 명령하시는 것이다. 모세는 명령만 전하면 되고 바로는 명령에 따르게 될 것이다. 모세는 그것을 기억해야 했다. 지금 일하시는 분은 모세가 아니라 하나님이시다.

6:16 레위 아들들의 이름. 출애굽기는 하나님께서 모세를 통해 이스라엘 백성을 출애굽시키고 약속의 땅으로 들어가게 하시는 이야기다. 그런데 오늘 본문의 족보는 이야기의 전개상 매우 생뚱맞으며 레위 지파의 족보 이야기와 더 자세히는 아론 족보 이야기다.

6:25 아론의 아들. 모세는 자식들 이야기가 안 나온다. 반면에 아론은

그 아들과 며느리 이야기가 나오며 아론의 손자인 비느하스 이야기로 족보가 마친다. 이것은 아론의 족보이기 때문이다.

아론과 모세는 레위 지파다. 모세가 중심인물인데 모세가 아니라 아론이 제사장 가문이 된다. 출애굽에서 제일 중요한 사람이 있다면 단언코 모세다. 모세에 대한 이야기로 시작하였다. 그런데 모세는 가나안에 들어가기까지 역할을 하며 이후에는 아론의 가문이 제사장 가문이 된다. 왜 그렇게 되었을까? 성경에 나와 있지 않기 때문에 추측만 가능하다.

6:29 나는 여호와라...내가 네게. 하나님께서 우주의 주인이시며 하나님께서 바로에게 말하는 것이라 말씀하신다. '나'가 강조되어 있다.

6:30 나는 입이 둔한 자이오니. 자신의 연약함을 말하는 것이다. 이러한 자기 부정이 긍정적 요소도 가지고 있지만 오히려 강한 자기 부정은 실제로는 자기 집착이다. 하나님께서 말씀하시는 데 여전히 자기 자신의 연약함을 생각하고 있다. 그것은 자기 자신을 드러내는 것이다.

이 구절이 족보 이야기의 시작과 끝을 이루고 있다. 이 구절은 왜 갑자기 족보 이야기가 나오는지에 대한 힌트를 담고 있다. 이 변명은 모세가 시내산에서 했던 변명이다. 그의 말 때문에 하나님께서 아론을 동역자로 주셨다. 그런데 그는 또 애굽에서 이것을 말한다. 이것은 불신앙이다. 모세는 참으로 아름다운 신앙인이다. 성경 전체에서 모세에 버금가는 사람은 아브라함이나 다윗 정도일 것이다. 그런데 모세는 두 번 큰 실수를 하였다. 광야에서 바위를 친 사건과 이 사건이다. 광야에서 바위를 친 사건으로 인해 그는 가나안에 들어가지 못하게 된다. 그리고 자신이 말 못하는 사람이라는 머뭇거림 때문에 아마 그의 자손이 중요한 역할을 하는 데에서 비켜 가는 것 같다.

7 장

7:1 아론은 네 대언자. '입이 둔한자'라는 모세의 말에 하나님께서 아론을 대언자로 주셨다. '둔한자'는 말하는 기술이 뛰어나지 않다는 말이다. 말하는데 장애가 있다 거나 버벅거린다는 말이 아니다. 아마 주관적인 말일 것이다. 그럼에도 불구하고 하나님께서 은혜를 베푸셨다.

7:10 뱀이 된지라. 본격적인 이적의 예비단계로 경고의 성격이 있는 모세의 지팡이가 뱀이 되는 이적을 행하였다.

7:11 요술로 그와 같이 행하되. 모세가 그 이적을 보이자 바로는 자신의 요술사들을 불러 동일한 이적을 시범을 보이게 하였다.

7:12 아론의 지팡이가 그들의 지팡이를 삼키니라. 분명히 모세가 행한 이적은 천지를 창조하신 하나님의 이적이고, 바로의 주술사들이 행한 것은 단지 사람이 행한 눈속임이었다. 그러나 겉보기에는 그것이 구분되지 않았다. 아론의 지팡이가 그들의 지팡이를 삼킴으로 그것을 드러냈으나 바로는 그것을 구분하지 못하였다.

7:13 그들의 말을 듣지 아니하니. 모세가 열심히 하나님의 일을 하였다. 대단한 일이 일어나기도 하였다. 그러나 바로가 꿈쩍하지 않았다. 무엇인가 열심히 한 것 같은데 외부로는 아무 변한 것이 없었다. 하나님의 일을 하면서, 출애굽의 일을 하면서 힘을 많이 쏟았는데 변한 것이 없을 때 마음이 상한다. 자욱한 안개 속을 거니는 것 같다. **여호와의 말씀과 같더라.** 여호와께서는 모세에게 바로가 꿈쩍하지 않을 것에 대해 말씀해 주셨다. 세상은 매우 고집이 세다. 하나님의 일을 하는 사람이 하나님의 일을 하려 할 때 마치 거대한 바위처럼 꿈쩍하지 않을 때가 많을 것이다.

출애굽하려 할 때 출애굽은 보이지 않고 아무리 해도 안 된다는 체념만 나올 때가 많을 것이다. 작심삼일 때가 많으며, 많은 힘을 기울였으나 보이는 것은 하나도 없을 때도 있을 것이다. 그러나 우리는 모세가 하나님께 미리 들었던 예언의 말씀을 우리도 들어야 한다. 세상은 그렇게 쉽게 놓아주지 않는다. 우리 안의 죄는 아주 뿌리 깊다. 그러기에 세상이 꿈쩍하지 않는다고 포기하지 말고 모세가 미리 들었던 것처럼 우리도 그러하다는 것을 알아야 한다.

사실 그렇게 꿈쩍하지 않는 것 같지만 실상은 그 안에서 깨지고 있다. 계란으로 바위를 치면 계란이 깨지지만 계속 치다 보면 바위도 그 안이 멍들기 시작한다. 그래서 어느 순간 바위도 깨진다. 그러기에 하나님의 일음 하는 사람이 "해도 안 된다"라는 어리석은 마음을 갖지 않도록 조심해야 한다. 우리의 임무는 "무엇을 하여 결과를 만들어 내는 것"이 아니라 "하나님의 뜻을 행하는 것" 자체라는 것을 기억해야 한다. 그러기에 아무리 결과물이 안 보이는 자욱한 안개 속을 거닐 때라도 신실하게 하나님의 뜻을 행하라.

7:14 여호와께서 모세에게 이르시되. 앞으로 모든 재앙에서 이 구절이 반복된다. 하나님께서 그동안 바로에게 이스라엘 백성들의 통치자로 권세를 주셨다. 그러나 이제 하나님께서 모세에게 그 권세를 주셨다. 첫 이적에서 모세의 지팡이 뱀이 바로의 마술사의 뱀을 먹은 것에서 더욱더 분명하게 드러났다.

바로의 마음이 완강하여. 이것은 직역하면 '무거운 마음'이다. '무거운'은 기능이 잘 발휘하지 못하는 것을 의미한다. '무거운 귀'면 잘 듣지 못하는 것이요, '무거운 입'이면 말을 잘 못하는 것이다. '무거운 마음'에 대조되는 것이 솔로몬이 하나님께 구한 '듣는 마음'(왕상 3:9)이다. 바로는 무거운(듣지 못하는) 마음을 가지고 있었다. 그는 무엇보다 만물의 주인되시는 창조주 하나님의 명령을 들어야 했는데 그 명령을 듣기는 하였으나 마음이 듣지 못하고 있었다. 그것이 불신자의 특징이다.

7:16-17 네가 듣지 아니하도다. 하나님의 명령을 듣지 아니하였기에 하나님께서 '나일 강이 피로 변하는' 재앙을 내리셨다.

모세가 바로 앞에서 행한 이적은 11가지요 재앙은 10가지(첫번째 이적은 재앙이 아니었음)인 것은 재앙이 바로의 거절에 대한 심판이기 때문이다. 이적을 통해 하나님께서 주인되심을 분명히 말씀하셨음에도 불구하고 바로가 거절하였기 때문에 하나님의 재앙이 있는 것이다.

7:21 피. 첫째 재앙. 애굽 사람들에게 생명줄인 나일 강이 피로 변하여 물고기가 죽고 물에서 악취가 났다. 그러나 사람들은 하나님의 역사를 변질시키는 아주 뛰어난 재능을 가지고 있다.

7:22 요술로 그와 같이 행하므로. 애굽의 술사들이 '요술'로 물을 피로 변하게 하는 일을 하였다. 분명히 눈속임수였을 것이다. 그들이 진정 능력이 있다면 물을 피로 바꾸는 것이 아니라 피를 물로 바꾸는 일을 해야 했을 것이다. 그러나 그들은 눈속임을 하는 것이기 때문에 일부의 물을 피로 바꾸는 것 밖에 하지 못하였다. 그러나 그들의 마술은 바로의 마음을 완악하게 하기에는 충분하였다. 바로는 그것을 보고 싶었기 때문이다.

7:23 그 일에 관심을 가지지 아니하였고. 그는 하나님께서 '나일 강 물을 피로 바꾸신 것'에 관심을 기울이지 않았다. 세상 사람들은 그렇게 진리를 거짓으로 물타기를 참 잘한다. 그들은 하나님의 음성을 듣는 일에 무딜 수밖에 없다.

8 장

8:1 내 백성을 보내라 그들이 나를 섬길 것이니라. 하나님께서 이스라엘 백성을 출애굽시키시는 것은 이제 그들이 하나님을 섬길 때가 되었기 때문이다. '섬기다'라는 동사는 앞에서 이스라엘 백성이 고된 노동으로 인하여 하나님을 찾을 때 '노동하다'와 같은 단어다. 이스라엘 백성이 바로를 위해 섬겼다. 그리고 이제 하나님을 위해 섬길 때가 되었다. 바로가 그들의 노동을 강하게 하여 그들이 하나님을 제대로 예배할 수 없었다. 그래서 이제 가나안 땅으로 가게 하셔서 하나님을 온전히 예배하길 원하셨다.

하나님께서 모세를 바로에게 보낼 때마다 이 말씀을 전하게 하셨다. 이것이 출애굽의 이유요 진정한 목표이기 때문이다. 이것은 바로가 알아야 하는 것이기도 하며 또한 이스라엘 백성들이 알아야 하는 것이다. 이스라엘 백성이 애굽의 고된 노동에서 벗어나 해야 하는 일이 무엇일까? 그것은 또 하나의 다른 노동이 되어서는 안 된다. 그들이 좋아하는 또 하나의 다른 종류의 쾌락과 섬김이 되어서는 안 된다. 오직 하나님을 섬기는 것이 되어야 한다.

8:2-3개구리. 두번째 재앙. 바로가 하나님의 명령을 거절하였기 때문에 만물의 주인이신 하나님께서 갑자기 수많은 개구리가 애굽에 가득하게 되는 재앙을 내리셨다. 하나님께서 개구리를 만드셨고 움직이신다. 개구리가 있어야 할 곳에만 있게 하시기도 하고 때로는 있어야 할 곳이 아닌 다른 곳에도 있게 하실 수 있다. 반면에 지금 하나님의 명령을 거절한 바로는 개구리에 대해 그 어떤 통치권도 행사할 수 없다. 그는 개구리를 만든 사람도 아니고 주관하는 이도 아니기 때문이다. 개구리 재앙은 하나님을 통치자로 드러나게 하고 바로는 지배를 받는 피조물에 불과함을 드러내는 재앙이다.

8:7 요술사들도...개구리가 애굽 땅에 올라오게 하였더라. 요술사들이

하는 것이 눈속임수에 불과하다는 것을 바로도 알았던 것 같다. 하나님께서 내리신 개구리 재앙은 온 나라가 개구리로 가득하게 한 것이지만 마술사들은 개구리 몇 마리가 나일강에서 올라오는 것에 불과하였기 때문이다.

8:8 내가 이 백성을 보내리니. 이스라엘 백성을 떠나게 해 줄테니 개구리가 다시 나일강으로 들어가게 해 달라고 요청하였다. 바로가 하나님의 통치를 인정하였다. 하나님께서 개구리가 가득하게 하셨고 또한 물러가게도 하심을 인정하였다. 그러나 그러한 인정이 지속되지는 않았다.

8:15 숨을 쉴 수 있게 됨을 보았을 때에 그의 마음을 완강하게 하여. 앞에서 나왔던 '무거운 마음'이다. 곧 제 기능을 발휘하지 못하는 마음으로 하나님을 향하여 제 기능을 발휘하지 못하고 있다. 그래서 하나님의 뜻과 진리에 마음이 열리기보다는 열었던 마음을 이내 닫아버린다. 그것이 세상의 일반적인 모습이다.

세상 사람들이 하나님을 받아들이는 것 같아도 믿음으로 받아들이는 것은 아니다. 그럴듯한 타협은 세상을 믿음으로 이끄는 것이 아니라 신앙인을 세상으로 이끈다.

8:16 이. 세번째 재앙. 하나님께서 세 번째 재앙을 애굽에 내리셨다. 티끌이 모기(이)가 되는 재앙이다. 흙으로 사람을 만드신 것처럼 흙이 모기가 되게 하심으로 하나님의 능력을 확실하게 보여주셨다. '이'라 번역한 것은 날아다니는 작은 곤충으로 무는 곤충을 의미한다. 그래서 날지 못하는'이' 보다는 모기가 조금 더 가까운 번역일 것 같다.

8:19 이는 하나님의 권능이니이다. 직역하면 '하나님의 손가락이다'이다. 어쩌면 아론의 지팡이를 하나님의 손가락으로 표현한 것일 수도 있다. 아니면 바로를 신으로 말하는 그들의 문화에서 바로의 손(힘)에서

살짝 비켜 말한 것일 것이다.

하나님의 명령에 따라야 한다는 것을 애굽의 마술사도 인정하였으나 바로는 인정하지 않았다. 그러나 바로의 완고함에 시험들지 말아야 한다. **그들의 말을 듣지 아니하였으니 여호와의 말씀과 같더라**. 바로가 말을 듣지 않을 것을 하나님께서 이미 말씀하셨었다. 바로의 완고함은 모세에게는 힘 빠지는 일일 수 있으나 그것도 하나님의 통치 안에 있음을 알 수 있다.

8:21 **파리 떼**. 네번째 재앙. 이 단어는 여러 해충의 집합으로 보인다. 내 번째 재앙에서는 '내 백성'이 자주 등장하며 강조되어 있다. 하나님의 백성을 보내지 않으면 바로의 백성에게 해충 떼를 보내시겠다고 말씀하셨다.

8:22 **내 백성이 거주하는 고센 땅을 구별하여 그 곳에는 파리가 없게 하리니**. 앞에 나온 1-3번째 재앙에서도 재앙이 '애굽 사람들'에게 임하였다 말씀하였다. 아마 이스라엘에는 그 재앙이 임하지 않았을 가능성이 더 높다. 그런데 네 번째 재앙부터는 그 재앙이 이스라엘 백성이 거주하는 고센 땅을 구별한다고 구체적으로 언급한다. 왜 그럴까? 아마 이전의 재앙은 지엽적인 재앙으로 나일강과 가까운 곳에서의 재앙으로 고센 땅까지는 이르지 아니하였으나 네 번째 재앙부터는 애굽 전역의 재앙으로 고센 땅까지 이르러야 하는데 고센 땅에는 하나님의 백성이 있기에 그곳에는 재앙이 임하지 않은 것으로 보인다. 그래서 그것을 구체적으로 언급하고 있는 것으로 보인다.

8:24 **여호와께서 그와 같이 하시니 무수한 파리가 바로의 궁과 온 땅에 이르러**. 모세나 아론의 어떤 행동 없이 임하였다. 항상 모세나 아론을 통해 그리고 모세의 지팡이를 통해 재앙을 내리셨다. 그런데 이번에는 경고만 나올 뿐 사람을 통해 하신 것이 아니라 하나님께서 직접 하셨다. 어쩌면 앞에서 바로의 마술사들이 모세의 지팡이를 '하나님의 손가락'으로 지칭하여 하나님께서 그런 도구 없이 행하신 것일 수도

있다. 하나님은 모세의 도구를 통해서만 일하시는 분이 아니기 때문이다. 아니면 하나님께서 일을 하시는 데 사람이나 지팡이와 같이 꼭 어떤 도구를 사용하셔야 하는 것만은 아니라는 것을 알리는 것일 수도 있다. 하나님께서 역사하실 때 중요한 것은 하나님 한 분 뿐이다. 하나님의 일하심이 사람이나 어떤 도구로 가려져서는 안 된다. 하나님께서는 도구를 사용하신다. 그러나 도구는 도구일 뿐이다. 일꾼이나 도구가 부각되어서는 안 된다.

우리가 하나님의 일꾼이라면 네 번째 재앙이 일꾼 없이 임하였다는 것을 기억해야 한다. 일꾼은 하나님의 일에 필수적이지 않다. 그러기에 일꾼은 일할 수 있음을 감사하며 겸손해야 한다.

8:25 이 땅에서 제사를 드리라. 모세는 이스라엘 백성이 삼 일 거리를 광야로 나가 제사를 드리겠다고 하였지만 그것은 안 되고 대신 '애굽에서' 제사를 드리라고 제안하였다. 바로의 제안은 매우 전향적인 것처럼 보인다. 이전에 완고하게 못하게 하던 것에서 이제 많이 바뀐 것처럼 보인다. 정치적 협상처럼 바로가 그렇게 제안하였으니 모세가 이제 협상을 해야 할 것 같다. 그러나 모세는 바로의 타협안에 응하지 않았다.

8:26 애굽 사람의 목전에서 제사를 드리면 그들이 그것을 미워하여 우리를 돌로 치지 아니하리이까. 바로의 제안대로 하면 문제가 심각할 것이다. 실제로 한 참 후의 일이지만 주후 5세기에 애굽에 있는 이스라엘 사람들 거주지에서 동물 제사를 드린 것 때문에 집단 학살이 일어나기도 하였다. 왜 애굽 사람들은 이스라엘 백성이 동물 제사드리는 것을 싫어할까? 그들의 우상숭배 때문이다. 애굽에서는 동물 제사가 그냥 넘어갈 일이 아니다. 희생 제사로 드릴 수 있는 거의 모든 동물마다 특정한 신들과 연결된 신성한 것이다. 페르시아 고레스 아들 캄비세스는 애굽의 그러한 것을 이용하여 애굽과의 전쟁 때 짐승 떼를 앞에 내세워 진군하여 애굽인들이 화살을 쏘지 못하게 함으로 전쟁에서 승리하기도 하였다. 그렇게 동물을 희생제물로 삼는

것을 끔찍하게 여기는 애굽 사람들이 그들에게 빌붙어 살고 있는 근본도 모르는 이스라엘 백성들이 동물 제사 드리는 것을 그냥 보고만 있을 리 만무하다.

8:27 여호와께서…명령하시는 대로. 이스라엘 백성이 광야로 사흘 길을 가서 제사해야 하는 이유는 그것이 하나님께서 명령하신 내용이기 때문이다. 하나님께서 말씀하신 내용이 분명하다. 그러기에 그것에 대해서는 타협이 있을 수 없다. 강자인 바로가 타협하고자 하였기 때문에 약자 입장에서는 고마워하면서 타협에 응하는 것이 맞을 것처럼 보일 수 있다. 그러나 아니다. 신앙인은 자신이 세상에서 약자가 아님을 알아야 한다. 신앙인은 천지의 주인이신 하나님의 백성이다. 그러기에 약자로서 타협에 주안점을 두는 것이 아니라 하나님의 말씀을 지키는 일에 중심을 두어야 한다.

사흘 길을 가서 제사를 드린다. 오늘날 보기에는 거짓말처럼 보일 수 있다. '사흘 길'을 간다는 것은 아예 떠난다는 수사적 또는 관용적인 표현으로 보인다. 모세가 사흘 길을 간다는 것은 사흘 길을 가서 제사하고 온다는 말이 아니라 애굽을 떠나 가나안으로 간다는 것이다. 만약 사흘 길을 가서 제사하고 온다면 이렇게 문제가 되지 않을 것이다. 모세도 바로도 그것을 전제로 이야기하고 있는 것으로 보인다. 그래서 바로는 사흘 길(완전히 떠나는 것)이 아닌 다른 것을 제시하는 것이다. 이후의 제시도 마찬가지다. 그래서 바로의 타협안은 가나안에 가지 말고 애굽에서 신앙생활을 하라는 말이다. 그러나 하나님은 모세에게 사흘 길을 나가라 하셨다. 가나안에 가라 하셨다.

9 장

9:2-3 돌림병. 애굽에 내린 다섯 번째 재앙은 전염병(역병)이다. 모든 가축이기 보다는 본문이 말하고 있는 것처럼 '들에 있는 가축'들에게 재앙이 내렸을 것이다. 지금까지의 재앙이 놀라웠지만 심각한 피해보다는 불편한 것이었다면 다섯 번째 재앙은 짐승의 죽음에 이르는 것이다. 이 재앙을 통해 하나님께서 동물들의 생과사의 통치자이심이 선포된다.

9:5 여호와께서 기한을 정하여...내일 이 땅에서 이 일을 행하리라. 이전에도 애굽에 전염병이 있었던 적이 있을 것이다. 그래서 5번째 재앙인 전염병도 그렇게 일반적인 것으로 해석할 수도 있다. 애굽에 내려졌던 재앙 10가지가 이루어진 기간을 보통 1년 정도로 생각한다. 그렇다면 1년 기간 동안 무슨 일이든 일어날 수 있으니 5번째 재앙도 그렇게 시간 속에 일어난 일이라 생각할 수도 있을 것이다. 그래서 하나님께서 기한을 정해 주셨다.

기한을 정해 주셨어도 바로는 그것을 우연일 가능성을 생각했을 것이다. 우연의 가능성은 하나님의 섭리를 가리는 역할을 한다. 사람들은 지금 우리들이 보는 세상도 우연히 만들어졌을 수 있는 가능성이 있다는 생각으로 이론을 만든다. 그리고 우연을 정설처럼 여기고 있다. 그 가능성이 아무리 적을지라도 우연이라는 단어는 마치 만병 통치 약처럼 모든 것을 가능하게 만든다.

9:8-9 종기. 여섯 번째 재앙. 화덕에 있는 시커먼 재를 양손으로 가득히 담아 하늘을 향하여 날리니 그 재가 하늘에서 퍼져서 사람과 짐승에게 붙어 악성 종기가 되었다. 재가 검은색이니 아마 종기도 시커먼 종기였을 것 같다. 5번째 재앙이 죽음에 이르는 전염병이었지만 짐승에게만 이른 것에 반해 이번 재앙은 사람에게 까지 종기가 생긴 면에 있어 더 중한 재앙이었다.

9:12 여호와께서 바로의 마음을 완악하게 하셨다. 바로가 말을 듣지 않은 것에 대해 하나님의 주권의 측면을 말한다. 7절에서는 '바로의 마음이 완강하여'라고 말하였다. 그렇다면 두 경우가 다른 것일까? 아니다. 두 경우 모두 같은 것을 다른 측면에서 말한 것이다. 인간의 책임과 하나님의 주권을 말한 것이다. 12절도 '바로의 마음이 완강하여'라고 말해도 정확히 맞는 말일 것이다. 같은 모습이지만 어떤 측면을 이야기하였는지가 다를 뿐이다.

사람은 자유를 가지고 있다. 인격을 가지고 있다. 그래서 참 어렵다. 선악과를 먹었듯이 제멋대로 하는 경우가 많다. 한 사람이 살아가는 동안 항상 자신의 자유를 가지고 선택한다. 그러나 사람의 그 자유를 오로지 자유에만 맡겨 둔다면 세상은 벌써 망하였을 것이다. 모든 것을 넘어 통치하시는 하나님의 주권과 섭리가 있기 때문에 세상은 지금도 존재하고 있다. 하나님께서 사람의 모든 일을 주관하시며 다스리신다는 것을 명심하여야 한다. 자신의 자유를 하나님의 뜻 안에 복종시켜야 한다. 오직 하나님의 뜻 안에서 자유해야 한다. 그러할 때 진정한 아름다운 삶이 된다.

9:13 애굽에 내린 10가지 재앙은 3+3+3+1구조다. 일곱 번째 재앙은 마지막 세 번째 재앙 묶음의 첫 번째 재앙이다. 그리고 모든 재앙 중 가장 길게 이야기한다.

여호와께서 모세에게 이르시되. 모든 재앙의 시작을 이렇게 말씀한다. **내 백성을 보내라 그들이 나를 섬길 것이니라.** '이스라엘이 하나님을 예배하는 것' 이것이 가장 큰 목적이었다. 그것을 위해 모든 것이 일어났다. 모세 때나 지금이나 언제나 마찬가지다. 하나님은 그 백성이 하나님을 예배하는 사람으로 서도록 많이 말씀하시고 역사하신다.

9:14 온 천하에 나와 같은 자가 없음을 네가 알게 하리라. 애굽 백성에게 재앙을 내리는 것은 그것을 통해 오직 하나님만이 만물의 주인이시고 통치자이심을 알게 하기 위함이다. 바로는 계속된

재앙에서 하나님의 하나님 되심을 인정하게 될 것이고 이스라엘 백성을 보내게 될 것이다. 그것이 하나님을 믿는 것을 말하는 것은 아니다. 그러나 최소한 세상 나라에서 가장 강한 자신보다 하나님이 더 위대하시고 권능의 분임을 알고 그렇게 보내게 될 것이다.

9:15 돌림병. 다섯 번째 재앙은 '들에 있는 가축에게 전염병(돌림병)'이 생긴 일이다. 하나님께서 이것에 대해 말씀하시기를 '내가 손을 펴서 돌림병으로 너와 네 백성을 쳤더라면 네가 세상에서 끊어졌을 것이나'라고 말씀하셨다. 하나님께서 의도적으로 전염병으로 바로와 애굽을 치지 않으시고 들에 있는 가축을 치셨다고 말씀하셨다.

9:16 다섯 번째 재앙인 전염병을 '들에 있는 짐승'으로 제한하셔서 '내가 너를 세웠음'(바로를 살려두심)은 '내 이름이 온 천하에 전파되게 하려 하였음'이라 말씀하신다.

9:18 무거운 우박. 일곱 번째 재앙. 큰 우박이 내리는 것을 의미한다.

9:19 집에 돌아오지 않는 것들에게는...죽으리라. 일곱 번째 재앙에 앞서 미리 말씀하셨다. 재앙이 있기 전 '집에 돌아오면' 우박으로 죽음에 이르지는 않을 것이라 말씀하셨다. 애굽 사람들이 일곱 번째 재앙인 우박으로 인하여 죽임을 당하는 일에서도 제한을 두셨다. 제한적으로 행하셨다. 이 재앙에서도 경고를 하지 않고 더 많은 사람이 재앙을 당하게 하실 수 있다. 더 커다란 우박을 주셔서 집에 들어가 있어도 우박으로 죽임을 당하게 하실 수도 있다. 그러나 하나님은 제한적인 범위와 크기로 죽음을 제한하셨다.

9:23 애굽 땅에 내리시매. 다섯 번째 재앙인 전염병은 가축에게 있었으며, 여섯 번째 재앙인 종기는 사람과 가축에게 있었다. 그리고 일곱 번째 재앙인 '우박'은 가축과 사람과 식물까지 있었다. 그 범위가 넓어지는 것을 볼 수 있다. 대신 이번에도 들에 있는 것에만 피해가

있었다.

9:27 내가 범죄하였노라. 그는 처음으로 자신이 잘못하였음을 인정하였다. 물론 이것이 오늘날 우리들이 생각하는 '죄'의 개념과는 조금 다르겠지만 애굽의 왕인 그가 보잘 것 없는 모세에게 자신이 잘못하였으며 '여호와(네가 말하는 신)가 이겼다'라고 말하는 것은 아주 큰 변화다.

9:30 하나님을 아직도 두려워하지 아니할 줄을 내가 아나이다. 바로는 지금 하나님을 온전히 경외함으로 인정하는 것이 아니라 재잉을 피하기 위해 그렇게 말하고 있는 것일 뿐이다. 바로의 모습이 이전 모습보다는 훨씬 더 진보된 모습이기는 하다. 그러나 그것이 이스라엘이 광야로 나가도록 허락하는 것까지 변한 것은 아니다. 그리고 이후에 설령 이스라엘을 나가도록 허락하는 것까지 변하였다 하여도 그것이 믿음으로 변한 것은 아니다. 변화의 깊이에도 다양성이 있다.

9:31-32 삼과 보리가 상하였으나...밀과 쌀보리는...상하지 아니하였더라. 아주 독특한 설명이다. 애굽에 대해 모르는 후시대에 팔레스틴에 살고 있을 이스라엘 백성을 위한 더 자세한 설명 같다.
팔레스틴에서는 보리를 4월에 추수하지만 애굽은 2월에 하였다. '보리가 이삭이 나왔다'는 표현을 볼 때 시기가 1월 정도인 것으로 보인다. 삼은 옷을 만드는 재료로 애굽 농부들의 가장 중요한 수입원 중에 하나다. 열매가 맺힌 보리와 꽃이 핀 삼은 우박으로 인하여 아주 크게 손실을 입었을 것이다. 그러나 '밀과 쌀보리(스펠트. 밀의 종류)'는 아직 자라지 않음으로 피해가 없었음을 말씀한다. 곧 애굽에 음식이 아주 없어진 것은 아니라는 것이다. 아직 남은 것이 있었기 때문에 바로는 한 번 더 또 거절을 할 여유를 가지고 있다. 신앙인은 한 번의 여유가 있을 때 더 믿음의 길을 가지만 불신앙인은 한 번의 여유가 있을 때 더 죄의 길을 간다.

9:34 다시 범죄하여. 재앙이 그쳤을 때 바로의 마음도 바뀌었다. 바로는 자신이 말한 '범죄'를 다시 저질렀다.

모세가 바로에게 어리석게 속은 것인가? 아니다. 30절에서 모세는 바로에게 그것을 미리 알리기까지 하였다. 그러면 바로가 그렇게 번복할 줄을 알면서 왜 재앙이 멈추기를 기도하였을까? 그것이 신앙인의 길이다. 모르고 속는 것이 아니라 알면서도 속는 것이다. 그 말을 또 번복할 줄 알지만 지금은 자신이 잘못하였다고 하니 알면서도 그 말에 따라 재앙이 멈추기를 기도했다. 세상은 번복할 것이다. 그러나 우리는 우리의 길을 가야 한다. 사랑하는 길이다. 세상이 열 번 번복하면 열 번 사랑하게 되는 측면도 있다. 세상은 여러 번 번복할 수 있다. 사람이 그러하다. 사람이 얼마나 자주 바뀌나? 그러나 하나님은 그런 바로를 위해서도 계속 응대하여 주셨다. 하나님께서 알면서도 속아 주셨다. 그것처럼 신앙인은 세상을 향하여 알면서도 속아주는 사람이 되어야 한다. 속는 그것이 나쁜 것이 아니라 회복시키며 사랑하는 것이기 때문이다. 잘못에 대해서는 말하지만 용서를 구할 때 일곱에 일흔 번까지도 용서하는 것이다. 번복하는 것을 괴로워하지 말고 진리로 향하여 가고 있는 것을 기뻐하라.

10 장

10:1-2 너희는 내가 여호와인 줄을 알리라. 재앙의 본질 3가지를 말씀하신다. 1. 나의 표징을 그들 중에 보이기 위함이며 2. 네 아들과 네 자손의 귀에 전하기 위함이며 3. 너희는 내가 여호와인 줄을 알리라.

하나님은 바로가 아니라 이스라엘을 다루고 계신다. 바로의 마음을 완강하게 하심은 그래야 열 가지 재앙을 다 행하실 것이기 때문이다.

하나님은 열 가지 재앙을 다 행하고자 하셨다. 모세와 이스라엘은 한 두 가지 재앙으로 일이 쉽게 이루어지기를 원하였을 것이다. 그러나 하나님의 계획은 그것이 아니었다. 열 가지 재앙을 다 행하기를 원하셨다.

열 가지 재앙을 다 행하여야 그것이 이스라엘 백성에게 더 깊이 각인될 것이기 때문이다. 후대의 모든 신앙인들에게도 더 깊이 각인될 것이다. 그 말씀처럼 이후에 이스라엘 백성들은 출애굽의 10가지 재앙을 깊이 간직하게 되었다. 그 이후 모든 시대 사람들도 출애굽의 재앙을 기억한다. 세대와 세대를 통해 전해지는 전설이 되었다.

10가지 재앙은 하나님께서 만물의 창조주이시며 통치자이신 것을 정확히 드러낸다. 하나님이 여호와(스스로 계신자)이신 것을 가장 잘 드러나게 한다. 사람들은 하나님께서 창조하신 모든 것을 사용하면서도 여호와를 잘 모른다. 그런데 재앙을 통해서 하나님께서 그 모든 것을 통치하신다는 것을 새삼 깨닫게 될 것이다.

10:3 어느 때까지. 이 문장은 강조되었다. 모세는 하나님의 말씀을 전하였다. 바로를 꾸짖듯이 말하신다. 하나님의 권위 앞에 자신을 낮추는 것을 거절할 것인지를 물었다. 이스라엘 백성은 바로의 권위 아래 있는 것이 아니라 하나님의 권위 아래 있음을 인정하고 빨리 보내야함을 말씀하는 것이다.

10:7 어느때까지. 3절에 나온 '어느 때까지'라는 같은 단어를 사용하면서 신하들이 바로에게 요청하였다. 이스라엘 백성 때문에 계속 안 좋은 일이 생겨 나라가 많이 황폐화되기까지 했으니 이스라엘 백성을 보내자고 주장하였다.

10:10 여호와께서 너희와 함께 함과 같으니라. 이 구절은 조롱이 담겨 있다. '내가 너희와 너희 자녀를 보내는 만큼 여호와께서 너희와 함께 하기를'이다. 마치 축복처럼 말하는데 이것은 조롱이다. 그래서 의역하면 '나는 너를 너희 식구들과 결코 같이 보내지 않을

것이다'이다.

보라 너희에게는 나쁜 것이니라. '너희가 악하다'라는 의미다.

10:11 쫓겨나니라. 바로가 아주 강하게 행동하고 있는 것을 볼 수 있다. 만약 모세가 바로를 만나러 가기 전에 하나님의 말씀으로 바로의 완고함과 여러 재앙이 필요한 것에 대해 듣지 않았다면 많이 상심할 만한 상황이다. 그러나 이제는 바로의 완고함과 교만이 모세에게 더 이상 크게 문제되지 않을 것이다. 세상이 악하고 교만한 것은 당연하다. 그러한 것 때문에 우리의 마음이 상하고 가던 길을 멈추는 어리석은 신앙인이 되지 말아야 한다. 그들의 행동에 초점을 맞추지 말고 신앙인으로서 걸어가야 하는 것에 초점을 맞추어야 한다.

10:12 메뚜기. 여덟 번째 재앙. 일곱 번째 재앙에서 하나님은 밀을 남겨두셨다. 그런데 바로가 하나님의 말씀에 순종하지 아니함으로 그것마저 잃게 되었다. 여덟 번째 재앙은 '메뚜기 떼' 재앙이다. '우박에 상하지 아니한 밭의 모든 채소를 먹게 하라' 말씀하셨다. 애굽 사람들은 일곱 번째 재앙에 보리와 삼을 잃었지만 시간이 조금 흘러 밀이 자라갔다. 최악은 면한 것 같이 보였을 것이다. 그러나 하나님께서 오히려 그때를 기다리신 것 같이 밀이 자라자 그때를 맞춰 모세를 바로에게 보내셨다.

10:13 동풍을 일으켜. 하나님은 바람을 창조하셨기에 바람을 사용하신다. 모세가 지팡이를 든 이후부터 모든 낮 시간과 이어진 밤 시간 동안 계속 동쪽으로부터 바람이 불어오게 하여 '메뚜기'가 바람을 타고 애굽으로 오게 하셨다. 그래서 아침이 되자 애굽 전역은 메뚜기 떼로 가득하였다.
하나님은 전능하신 분이기에 메뚜기 떼를 없는 곳에서 창조 하실 수도 있고 멀리 있는 메뚜기 떼가 한 순간에 오게 하실 수도 있다. 그러나 하나님께서는 계속 바람이 불게 하셔서 멀리 있는 메뚜기 떼가 바람을 타고 하루 종일 걸려 오게 하셨다. 바람은 모세가 지팡이를 들었을 때부터 불기 시작했다. 바람이 불기 시작하였을 때 애굽에는 아직 한 마리의 메뚜기 떼도 도착하지 않았다. 저녁에도 그러했다. 다음날 아침에 도착하였다. 메뚜기 떼가 도착하지 않았을 때도 하나님께서 일하고 계셨다. 바람이 분다는 것은 하나님께서 일 하시고 계신다는 뜻이다.

10:16 바로가 모세와 아론을 급히 불러. '급히' 부른다는 것은 큰 나라 애굽의 왕 바로에게 어울리는 모습이 아니다. 본래 왕은 천천히 움직인다. 그래야 근엄하게 보이기 때문이다. 그가 모든 것을 통제하고 있다는 것을 보여주기 위해서라도 왕은 천천히 처리해야 한다. 그런데 바로가 '급히' 서둘러 모세와 아론을 불러들였다. 그의 목소리 톤과 다그치는 모습에 그의 '급한 마음'이 보였을 것이다. 아무리 큰 나라 애굽의 왕이라 하여도 메뚜기 떼에 의해 온 나라가 초토화되는 것을 보고 가만히 있을 수 없었다. 근엄할 수 없었다. 불안하고 급하게 될 수밖에 없었다. 그의 통제를 완전히 벗어난 일이기 때문이다.

10:17 죽음. 바로는 자신이 잘못하였음을 말하며 '죽음'처럼 치명적인 메뚜기 떼를 여호와께 기도하여 떠나게 해 달라고 요청하였다. 그는 왕의 체면도 내려놓은 것 같다. 그도 그럴 것이 너무 치명적이었기 때문이다.

10:18-19 그런데 이 모습이 참 특이하다. 바로가 그렇게 급히 서두르고 말을 많이 하는 것에 반해 모세의 말이 나오지 않는다. 아마 말도 거의 안 한 것 같다. 어찌 생각하면 지금이 기회여서 바로를 책망하고 하나님께 간구하지 않겠노라고 엄포도 놓고 할 만 하다. 그런데 오히려 모세는 조용히 바로의 요청을 들어주었다.
모세가 바로를 포기했기 때문일까? 아무리 뭐라 하여도 듣지 않을 것이기에 말을 하지 않는 것일까? 그런 면도 있을 수 있다. 그런데 모세는 하나님을 신뢰하고 있는 것으로 보인다. 바로는 자신의 힘으로 어찌 할 수 없는 일을 겪으면서 불안하고 급하게 되었고 모세는 그것이 자신의 하나님께서 일하고 계시다는 것을 알기 때문에 평안하고 느긋하게 된 것이다.

10:21 흑암. 아홉 번째 재앙. 애굽에 '흑암'이 가득하게 된 재앙이다. 오늘날 삼 일 동안 해와 달이 가려진 정도는 큰 문제가 되지 않을 것이다. 그러나 이 당시 애굽 사람들에게는 아주 큰 문제였을 것이다. 애굽에서 태양은 여러 신 이름으로 가장 중요한 섬김의 대상이었다. 비록 삼 일의 어둠이 당장은 외적으로 큰 문제를 일으키지 않았지만 애굽 사람들에게는 심정적으로 매우 큰 두려움을 주었을 것이다. 하루 이틀 삼 일 계속된 어둠은 그들을 깊은 나락으로 떨어트렸을 것이다.

10:24 양과 염소. 사람들은 다 가도 좋지만 '양과 염소'는 두고 가라고 말하였다. 이전에 여인들과 어린이들은 가지 못하도록 하였던 것에서 많이 발전한 제안이다. 이 제안은 어쩌면 계속된 재앙으로 먹을 것이 현저히 적어진 당시의 상황을 반영하고 있는 것으로 보인다. 또한 바로의 마지막 남은 자존심이기도 할 것이다. 이스라엘 백성을 보내는데 그들이 애굽에 들어와서 벌어들인 것을 다 가지고 가게 하면 바로의 자존심이 허락되지 않았던 것이다.

10:26 가축도 우리와 함께 가고. 이스라엘 백성이 광야에 나가 하나님을 예배해야 하는데 가축 없이 제사를 할 수 없다. 무엇보다 하나님께서 짐승을 가지고 나가라 하셨기 때문에 이스라엘은 가축을 가지고 나가야 했다.
세상 나라와 하나님 나라의 중간 지대는 없다. 중간지대는 또 하나의 세상 나라일 뿐이다. 그러기에 세상 나라에서의 타협에 주의해야 한다. 지금까지 바로가 내 놓은 협상안은 항상 하나님의 뜻 밖의 것이었다. 물론 겉으로는 바로도 조금 양보하고 이스라엘도 조금 양보하는 것처럼 보인다. 그러나 우리는 '하나님의 뜻인가 아닌가'로 구분해야 한다. 하나님의 뜻이 아니었기에 그 협상은 받아들여질 수 없었다.

협상이 결렬되었기에 이후에 결국 이스라엘 백성들이 하나님의 말씀대로 당당한 모습으로 출애굽 할 수 있게 된다는 사실에 주목해야 한다.

10:28 다시 내 얼굴을 보지 말라. 다시는 협상도 없다고 엄포하였다. 그의 위세는 대단하였다. 그러나 모세는 세상의 진정한 왕은 바로가 아니라 하나님이시라는 것을 알고 있었다.

11 장

11:1 이제 한 가지 재앙을 바로와 애굽에 내린 후에야 그가 너희를 여기서 내보내리라. 이제 한 가지 재앙만 더하면 이스라엘은 출애굽하게 될 것이다.

하나님께서 모세를 보내실 때 10가지 재앙에 대해 구체적으로 말씀하지 않으셨지만 마지막 재앙에 대해서는 말씀하셨었다. 그러기에 모세는 재앙이 거듭될 때 그가 과정 중에 있다는 것을 알았을 것이다. 10번째 재앙에 이르기까지 잘 견디며 올 수 있었던 것은 그러한 과정에 대한 인식이 있었기 때문일 것이다.

오늘날 우리들도 과정에 대한 인정이 필요하다. 나무가 열매를 맺기까지 비바람을 맞는 세월이 있는 것은 패배의 과정이 아니라 승리의 과정이다. 지난 9가지 재앙에서 바로가 이스라엘 백성을 출애굽하도록 허락하지 않았다 하여 패배한 것이 아니다. 과정 가운데 바로가 패배하고 있었다. 이스라엘은 승리하고 있었다. 승리의 최종 열매인 출애굽까지는 이르지 않았지만 출애굽을 향하여 가고 있었던 것은 분명하다. 그러기에 그것은 승리의 걸음이었다.

11:3 위대하게 보였더라. 이스라엘 백성들은 힘들게 출애굽하는 것이 아니라 그동안의 애굽에서의 품삯과도 같은 은금 패물'을 가지고 가게

될 것이다. 애굽 사람들은 그들에게 은금 패물을 주는 것을 아끼는 마음이 아니라 빨리 나가기를 바라는 마음에 기꺼이 줄 것이다. 지금 모세에게 화내고 있는 바로와 애굽 사람들은 모세를 '위대'하게 보게 될 것이다. 그것이 결과다.

어떤 열매를 맺는다는 것은 그 열매를 위해 그동안 많은 일이 있었다는 것을 의미한다. 그동안의 모든 과정은 그 열매를 맺고 있는 것이기도 하다. 어떤 사람들은 믿음의 길을 가면서 믿음의 맛을 모른다. 선한 길을 가면서 선한 길의 맛을 모르는 경우가 많다. 그것은 열매까지 가지 못하고 중간에 포기하기 때문이다. 열매까지 가야 믿음이 진정 어떤 맛인지를 안다. 맛을 아는 사람은 농부의 땀처럼 땀을 흘리면서도 행복하다. 그러나 맛을 모르는 사람은 땀을 짜증으로 생각한다.

11:5 바로의 장자...처음 난 것까지 죽으리니. 애굽의 왕 바로의 자식이든 몸종의 자식이든 가축의 새끼이든 구별없이 모든 장자가 죽음에 이르게 될 것이다. 그런데 '장자의 죽음'이라는 것은 결과다. 앞에서는 모두 수단(피, 해충 떼, 메뚜기 등)을 기억하는데 10번째 재앙에서는 수단이 아니라 결과를 기억하는 사람이 대부분이다. 결과가 파격적이어서 그렇다. 그런데 수단은 무엇일까?

수단은 아마 다섯 번째 재앙과 같은 '전염병'인 것으로 보인다. 시 78:50을 보면 '전염병'으로 죽음에 이르렀다고 말한다. 다섯 번째 재앙에서는 '들에 있는 가축'이 전염병으로 죽었는데 열 번째 재앙에서는 '모든 사람과 가축의 장자'가 전염병으로 죽었다는 것에 있어 다르다. 애굽은 많은 전염병으로 유명하다. 아마 홍수가 많기 때문에 그런 전염병이 많았던 것으로 보인다. 그러나 보통 전염병은 사람과 가축의 경우 종류가 다른데 이번에는 모두에게 적용되었고 장자에게만 적용되었으며 하루 아침에 죽은 것 등을 통해 볼 때 참으로 특이하고 처절한 일이 될 것이다.

11:6 큰 부르짖음. 애굽 온 땅이 크게 부르짖을 것이다. 절규다.

바로와 애굽은 착각하고 있었다. 그들은 결정적인 순간에 아무 것도 할 수 없다. 세상은 오직 하나님께서 다스리시기 때문이다.

11:7 이스라엘 자손에게는...개 한 마리도 그 혀를 움직이지 아니하리니. '개들이 짖지 않는다'는 말이다. 이스라엘은 개를 기르지 않으나 애굽은 개를 애완견으로 길렀다. 그 중에는 떠돌이 개들도 있었다. 개들은 조금만 기척을 느껴도 짖는다. 시골에 가면 아주 먼 거리에 있는 개들도 사람의 기척 소리를 듣고 짖어 댄다. 애굽 전역에서 장자들이 죽어 나가면서 온 세상이 통곡 소리로 가득하였는데 반하여 이스라엘 거주지는 개도 짖지 않을 정도로 조용하고 아무 일도 없었다는 뜻이다. 이것이 진정 이후의 천국과 지옥의 차이를 극명하게 보여주는 것이 아닐까?

12 장

12:1 애굽 땅에서...말씀하시되. 열 번째 재앙의 고지와 실행 사이에 열 번째 재앙의 의미인 유월절에 대한 이야기. 유월절을 지키는 것은 이스라엘이 행해야 하는 마지막 준비다. 조금은 이상할 수도 있지만 그들은 하나님의 말씀에 따라 그대로 준비해야 한다.

12:2 첫 달이 되게 하고. 유월절이 있는 그달을 앞으로의 이스라엘의 달력에서 첫 달로 지키라 하셨다. 유월절은 그들의 시작이 된다. 그들의 삶의 시작점이다. 오늘날 우리에게 유월절이 달력의 시작은 아니지만 삶의 시작이 되게 해야 한다.

12:6 유월절 양은 유월절 바로 직전에 잡았다. 그래야 유월절(하루의 시작인 저녁에)에 식사할 수 있기 때문이다. 유월절의 양은 모두

예표다. 예수님은 유월절의 진정한 양으로서 유월절 전날에 십자가에 못 박혀 죽으셨다. 주님의 십자가는 우리 인생의 시작이다. 모든 사람은 십자가를 알고 십자가를 받아들인 그 날이 중생의 날이다. 삶의 달력이 새로 시작하는 날이다.

열 번째 재앙은 재앙이나 출애굽 보다 그 의미가 더욱 중요하다. 그래서 재앙의 모습이 아니라 유월절에 대해 길게 설명하고 있다. 사실 우리가 살아가는 일들이 그렇다. 어떤 사람은 죽음의 문턱에서 주님을 영접한다. 죽음의 문턱에까지 가게 되었다는 것은 큰 사건이 있었다는 의미다. 그러나 그가 그것으로 믿음을 알게 되면 그 사건이 얼마나 작은 것인지를 알게 된다. 그 사건이 아니라 그것을 통해 새 생명을 얻은 것이 중요하다.

12:7 피를...문 틀에 바르라. 그동안 애굽에 재앙이 있을 때 이스라엘 거주지에는 재앙이 내리지 않았다. 재앙을 피하기 위해 이스라엘 사람들이 어떤 특별한 행동을 취할 필요가 없었다. 그런데 10번째 재앙만은 달랐다. 이 재앙은 이스라엘에도 내릴 것이다. 이것은 사람의 사망과 관련된 재앙으로 '죄'에 대한 심판이기 때문이다. 그래서 특별한 무엇이 필요했다.

12:11 이렇게 먹을지니. 이스라엘 백성들은 아직 아무것도 일어나지 않은 유월절 저녁에 믿음으로 유월절 음식을 먹어야 한다. 아주 이상한 식사를 하게 된다. 허리에 띠를 띠고 발에 신을 신고 손에 지팡이를 잡고 급히 먹어야 한다. 아직 일어나지 않은 일에 믿음으로 그렇게 먹는 것이다. 저녁에 출발하는 것도 아니고 다음날 출발하겠지만 그들은 그들이 그렇게 출발하게 될 것이라는 믿음으로 불편하지만 두렵고 떨림으로('급히'라는 단어 안에 이런 의미가 담겨 있음) 음식을 먹으며 하나님의 역사하심에 대해 미리 반응해야 한다. 하나님의 역사를 먼저 경외함으로 두렵고 떨림으로 믿지 않으면 역사가 일어날 때는 심판 때문에 무서움으로 두려워하게 될 것이다.

애굽 사람들이 죽음을 맞이한 이후 두려워하는 것처럼 말이다.

12:13 피를 볼 때에 너희를 넘어가리니. 문틀 사방에 어린양의 피를 바름으로 사망이 집 안에 들어오지 못하게 하였다. 이 당시에 피를 바른 모든 곳에 사망이 임하지 않았다. 기계적이다. 그러나 예수님의 피의 예표로서 적용할 때는 인격적으로 적용해야 한다.

12:14 영원한 규례로 지킬지니라. 유월절 사건은 흑암의 재앙이 임하지 않은 것을 넘어 그리스도의 대속에 대한 예표이기에 영원한 규례로 지켜야 한다. 그리스도께서 친히 십자가에서 피를 흘리시고 대속하심으로 그 이후에는 유월절의 양 피가 아니라 원형이 되는 그리스도의 피를 기념해야 하기 때문에 유월절이 아닌 고난주간을 지키는 것이 더 적당하다. 그것이 오늘 말씀을 따라 영원한 규례로 지키는 모습이다.

12:24 영원히 지킬 것이니. 이스라엘 백성이 경험한 은혜는 '영원한 은혜'다. 그것을 기억하기 위해 절기로서 '규례'로 삼고 '너희와 너희 자손이 영원히 지킬 것이니라'는 말씀에 따라 지켜야 하는 위대한 진리다.

12:26 자녀가 묻기를. 위대한 사건과 진리와 사랑을 경험한 이스라엘 백성은 그것을 예식으로 지키게 될 것이다. 자식은 그것을 보고 의미를 물을 것이다. 이것이 필요하다. 믿음을 경험한 사람이 믿음으로 살아가고 자녀가 그것을 보고 묻는 것이 필요하다. 우리의 믿음은 우리의 때에 끝날 것이 아니다. 영원해야 한다. 자녀에게서 더욱더 발전해야 한다. 부모가 믿음을 가졌다고 자녀가 저절로 믿음을 갖게 되지 않는다. 수많은 질문을 거쳐야 믿음의 위대함을 깨달을 것이다.
질문은 그냥 되지 않는다. 질문은 위대하다. 모든 지식은 질문에서 나온다. 아무 것에나 질문이 생기는 것이 아니다. 그들에게 실생활이어야 질문이 생긴다. 중요해야 질문한다. 부모의 모습에서 신앙이 얼마나 중요한지가 보여야 믿음이 없던 자식들에게도 질문이 생기는 것이다.

12:29 밤중에. 그들 중에는 이제 일어날 일을 믿음으로 바라보며 기도하는 사람들이 있었을 것이다. 어쩌면 누군가는 속으로 반신반의하는 사람도 있었을 것이다. '아니 왜 아직 아무 일도 일어나지 않는 거야'하는 사람도 있었을 것이다. 그 시간은 1분이 하루 같을 수 있다.

누구에게는 기도하기에 턱없이 부족한 시간이어서 더욱더 열심히 기도하였을 것이고 누군가에게는 기도하기에는 너무 긴 시간이었을 것이다. 누군가에게는 떠날 준비를 해야 하기에 시간이 부족하였고 누군가에게는 뭘 해야 할지도 모르며 시간이 남았을 것이다. 그러나 그래도 그들은 다행히 그날 밤에 대해 무슨 일이 일어날지를 들었고 그 날을 조금 더 준비할 수 있었다.

그날 밤은 바로와 애굽 사람들에게도 있었다. 그들에게 그날 밤은 그냥 보통의 날이었을 뿐이다. 일찍 잠든 사람이 대부분이었을 것이다. 그들은 일어날 일에 대해 전혀 알지 못하였다. 그들은 평상시와 같이 잠을 자거나 잘 준비를 하였을 것이다. 그들의 장자와 작별 인사를 하였을까? 그 인사가 마지막 인사가 될지는 몰랐을 것이다. 그 날 밤 보고 있는 얼굴이 마지막인 줄 알았다면 대화라도 더 했을 것이다. 그날 밤이 마지막 밤인 줄 알았다면 결코 그렇게 보내지 않았을 것이다.

12:30 애굽에 큰 부르짖음이 있었으니. 한 밤중에 갑자기 큰아들이 죽었다. 아들이 하나밖에 없던 집은 어떤 마음이 들었을까? 그 자식에 모든 것을 걸고 살던 사람들은 마음이 얼마나 아플까? 그들에게는 말로 표현할 수 없는 아픔이었을 것이다. 그 아픔을 어떻게 설명할 수 있을까?

잠을 자다 옆에서 통곡 소리가 나는 것을 듣고 깨어 무슨 일이 일어났는지 살펴보았을 것이다. 그런데 자신의 집에서 자고 있던 아들이 죽어 있는 것을 발견하였을 때 그 충격이 얼마나 컸을까? 그 집에서 통곡 소리가 나고 또 그 통곡 소리에 잠에서 깬 옆집의 사람이 일어나 집을 살피다 자신의 아들이 죽어 있는 것을 보고 또 통곡하였을 것이다. 통곡이 통곡을 낳아 한 순간에 온 애굽에 퍼졌다. 동물들도 통곡하였을 것이다. 집 주인의 통곡 소리에 깼을까? 아마 동물은 먼저 알았을 것 같다. 자신의 자식이 죽은 것을 보고 놀라서 소리를 질렀을 것이다. 그렇게 애굽 전역은 통곡 소리로 가득한 밤이 되었다. 장례를 치르기 위해 모든 사람이 부산하게 움직이는 밤이 되었을 것이다. 애굽 역사 상 가장 부산한 밤이 되었을 것이다.

12:31 밤에...모세를 불러. 한밤중이었지만 바로는 모세와 아론을 찾아오라 하였다. 그리고 '일어나' '떠나'가고 ' '예배하라'고 말하였다. 이전에는 잡으려 하였지만 이제는 빨리 떠나라 하였다.

12:32 나를 위하여 축복하라. 대신 한 가지 '자신을 축복'하라고 요청하였다. 이것은 아마 죽음이 그치는 것이나 더 이상의 재앙을 면하기를 바라는 마음일 것이다. 그러나 장자가 죽는 것은 이미 애굽 모든 사람들에게 일어난 일이다. 이미 늦었다. 다른 재앙은 그들에게 유보되는 것일 뿐 이후에 지옥에서 더 큰 재앙을 만나게 될 것이다. 그러나 바로는 모르기에 당장의 재앙만 피하기를 원하고 있다. 그것이 그들의 한계다.

12:37 이스라엘 자손이 라암셋을 떠나서. 이스라엘 백성이 애굽에 들어갈 때는 쉬웠으나 나올 때는 쉽지 않았다. 그러나 하나님께서 애굽에 10가지 재앙을 내리심으로 바로는 결국 이스라엘 백성이 애굽을 떠나도록 허락하였다. '장정이 육십만'이나 되는 어마어마한 대이동이 시작되었다.

12:38 다른 많은 민족 사람들이 함께 하였다는 것은 그들이 민족은

달랐으나 출애굽을 함께 경험함으로 함께 하나님의 백성이 되었음을 의미한다. 하나님 백성이 된다는 것은 혈통이 같다는 것이 아니라 출애굽이라는 하나님의 은혜를 함께 경험한 사람들이다.

12:39 준비하지 못하였음이었더라. 그들의 첫 음식은 '발효(발교)되지 못한 반죽'이었다. 그들의 출애굽은 분명 한 편으로는 불편함의 시작이었다. 무교병은 그들의 불편함을 상징적으로 보여준다. 신앙인이 된다는 것은 어떤 면에 있어서는 분명히 불편하게 된다는 것을 의미한다. 모든 면이 좋은 것이 아니다. 자기를 죽이는 것과 사랑하는 것 등 많은 면에 있어 불편하게 되는 것이다. 신앙인이 된다는 것은 진리를 따라가는 것이지 편안함을 찾아가는 것이 아니다.

12:40 사백삼십 년. "여호와께서 아브람에게 이르시되 너는 반드시 알라 네 자손이 이방에서 객이 되어 그들을 섬기겠고 그들은 사백 년 동안 네 자손을 괴롭히리니"(창 15:13) 창세기에서 아브라함에게 말씀하신 400년은 '어림수'이고 오늘 본문의 430년은 '정확한 수'일 것이다. 400년에 대한 약속을 알고 있던 이스라엘 백성들은 애굽에 들어온 지 400년이 되었을 때 더욱더 기도하기 시작하였을 것이다. 하나님의 약속이 언제 이루어질지 생각하면서 기도하였을 것이다. 하나님께서 출애굽을 약속하셨고 약속하신 대로 출애굽하게 하셨다.

12:42 여호와의 밤. 이 구절에는 많은 강조가 들어 있다. "그날 밤에 주님께서 그들을 이집트 땅에서 이끌어 내시려고 밤을 새우면서 지켜 주셨으므로, 그 밤은 '주님의 밤'이 되었고, 이스라엘 자손이 대대로 밤새워 지켜야 하는 밤이 되었다."(출 12:42 새번역) 유월절 밤에 하나님께서 이스라엘 백성들을 보호하시기 위해 철야하며 많은 일을 하셨기 때문에 '여호와의 밤'이라 말하며 이스라엘도 밤에 지켜야 하는 절기가 되었다.

12:43-44 유월절 규례는 이러하니라. '여호와의 밤'이라 불리는 그 날

유월절 저녁을 먹는 것은 참으로 귀한 일이었다. 그것은 출애굽을 다시 경험하는 날이다. '이방 사람은 먹지 못할 것이나'라고 말씀하셨다. 여기에서 이방 사람은 단순한 이방 사람을 의미하는 것이 아니다. 출애굽 때 함께 나왔던 '잡족'이 있었던 것을 생각해 보면 잘 알 수 있다. 여기에서의 이방은 다른 민족이 아니라 '할례 받지 않은 사람'이다.

12:46-47 고기를 조금도 집 밖으로 내지 말고 뼈도 꺾지 말지며. 그것이 그리스도를 예표하는 것이기 때문에 유월절 고기에 대해서는 매우 조심하였다. 하나님의 백성이라면 모두 유월절 고기를 먹어야 했다.

12:50-51 명령하신 대로 행하였으며. 이스라엘 백성들이 유월절을 지킴으로 출애굽의 경험이 이어졌다. 이후 예수님의 유월절 십자가를 지심을 기억하며 고난주간을 통해 출애굽을 경험하는 일이 이어졌다. 출애굽은 애굽에서의 경험으로 끝나지 않고 말씀을 듣고 순종하는 모든 이들에게 이어졌다.

13 장

13:2 거룩히 구별하여 내게 돌리라 이는 내 것이니라. 10번째 재앙에서 이스라엘의 장자는 죽음을 면하였음을 기억하기 위함이다. 하나님의 이러한 말씀에 이스라엘은 결코 다른 말을 하지 않을 것이다. 죽지 않고 산 것을 생각만해도 참으로 놀랍고 감사하기 때문이다. '장자를 하나님께 돌리는 것'은 어떻게 하라는 의미일까? 그것은 장자가 특별하다는 의미가 아니라 하나님께서 행하신 일이 특별하다는 의미다. 첫 열매나 십일조를 드리는 것은 그것이 특별한 것이 아니라 모든 일이 하나님이 주신 것에 대한 고백과 같다.

13:3 손의 권능. 그들은 하나님이 행하신 놀라운 일을 기념하여 지켜야 한다. 무교절은 7일 동안(아빕월(1월) 15일-21일) 지키는 절기다. 그들이 출애굽할 때 유월절 식사로 양의 고기를 먹고 피를 바른 것을 기념하여 유월절을 지켰고 동일하게 그 날 무교방을 먹은 것을 기념하여 무교절을 지켜야 한다. 무교절은 무교빵을 먹는 것 때문에 그렇게 이름이 붙여졌다. 다른 이름을 붙인다면 광야절(광야에서 처음에 그 무교빵을 먹기 때문에) 또는 권능절(하나님께서 권능으로 건지셨기에) 또는 종기념절(종에서 해방된 것이기 때문에) 등이 있을 것이다.

13:7 이레 동안에는 무교병을 먹고. 무교절은 7일인데 유월절과 연결되어 있고 유월절도 무교빵을 먹기 때문에 8일 동안 무교빵을 먹어야 한다. 8일 동안 맛없고 딱딱한 빵을 먹으면 매우 질릴거다.

13:8 네 아들에게 보여 이르기를. 잘 모르는 자식들은 불평을 할 것이다. 그때 부모는 자식들에게 잘 설명해야 한다. 무교빵을 먹는 것은 불편해지는 것이다. 그러면 불평이 생길 수 있다. 그러나 그들이 본래는 애굽 종살이를 하였고 불편함(무교빵)이 오히려 하나님께서 그들을 출애굽시키시는 도구였다는 사실을 안다면 그들의 불편한 모습(무교빵)에 결코 불평하지 않을 것이다. 무교빵은 그들의 낮음을 통해 하나님의 권능의 손을 더욱 두드러지게 하며 그 은혜를 생각나게 하였을 것이다.

13:9 이것으로. 무교절 절기나 절기준수 또는 절기정신 등을 의미한다. **네 손의 기호와 네 미간의 표를 삼고.** 이 말씀을 후대에는 문자적으로 사용하여 후기 유대인들이 기도할 때 팔뚝과 이마에 말씀 상자를 묶기도 한다. 이것은 상징적 언어로 신앙인들이 무교절을 지킴으로 자기 자신(손)과 다른 사람(이마)에게 잘 보이고 명심하게 되는 것을 의미한다. **여호와의 율법이 네 입에 있게 하라.** 그러한 준수를 통해 하나님의 권능과 우리의 낮아짐이 고백되고 오직 말씀이 우리의

마음과 길이 되게 해야 한다. 자신의 생각과 감정이 아니라 오직 말씀이 우리의 입술(당시는 주로 말씀을 암송)에 있고 생각을 말씀에 맞추어야 한다.

13:11-12 처음 난 모든 것. 그들은 가나안에서 '처음 난 것을 구별하여 여호와께 드려야' 한다. 아직 가나안 땅에 들어가지 않았지만 말씀이 주어진 것은 하나님께서 이스라엘 백성을 가나안에 인도하실 것이 확실하기 때문이다. 중요한 것은 이스라엘 백성이 하나님의 인도하심에 믿음으로 반응하는 것이다.

13:13 대속. 희생 제물로 드릴 수 없는 나귀라 할지라도 드려야 하는데 그 방법은 '어린 양으로 대속'하는 것이다. 대속할 어린양이 없으면 나귀의 목을 꺾어야 한다. 사람의 경우도 반드시 대속하여야 한다.

13:14 어찌 됨이냐. 경험하지 않은 세대의 사람들에게 '이것이 어찌 됨이냐'라는 질문을 받게 될 것이다. 그 경험은 전수되어야 한다.

13:17 그 길로 인도하지 아니하셨으니. 가나안에 가는 가장 좋은 길은 해안길이다. 그러나 그 길에는 애굽의 군사 요충지가 있어 가로막을 것이고 그것을 넘어서도 블레셋의 군대가 막고 있을 것이다. 이스라엘을 잘 아시는 하나님께서 이스라엘을 해안길이 아니라 광야길로 인도하셨다.

13:18 홍해. 이 바다를 흔히 '홍해'라 번역하지만 히브리 단어는 '갈대 바다'다. 칠십인역에서 홍해로 번역하였고 칠십인역을 주로 인용하는 신약에 홍해로 되어 있다. 칠십인역은 아마 의역했을 것이다. 당시 '갈대 바다'를 아는 사람이 없기 때문이다. 홍해로 번역한다 하여 완전히 틀린 것은 아니다. 홍해는 인도양에서 시내반도 북단으로 이어지는 길쭉한 바다다. 이것이 시내반도에서 오른쪽으로는 아카바

만으로 갈라지고 왼쪽으로는 수에즈 만으로 양분된다. 이스라엘 백성이 건넌 홍해는 수에즈 만의 북쪽으로 15km 정도 떨어진 커다란 비터 호수이거나 그 위쪽의 다른 호수일 것이다. 수에즈 만(홍해)과 이 호수는 매우 드물기는 하지만 비가 많이 오면 연결되기도 하였다. 그러면 홍해가 이 호수까지 연장되는 것이다. 지금은 수에즈 운하로 연결되어 있다. 그래서 사람들이 이해하기 쉽도록 홍해라 번역할 수 있다. 그러나 이곳은 사람들이 흔히 생각하는 넓은 홍해(수에즈 만쪽 홍해도 최소 건너려면 너비가 최소 25km)는 아니고 위쪽으로 좌우로 갈라져서 왼쪽의 수에즈 만을 지나 그 위쪽의 호수였다는 것을 아는 것이 좋다. **대열을 지어.** 외적인 형태는 군사대열과 같으나 내면적으로는 약하고 약한 사람들이다. 약한 사람들이 가장 취약한 지점으로 가고 있다.

13:21 이스라엘은 지금 가장 취약한 모습이다. 그러나 그들은 강하다. 출애굽을 훌륭하게 해낼 것이다. 전능하신 하나님께서 그들과 함께 하시기 때문이다.
낮에는 구름 기둥으로 그들의 길을 인도하시고 밤에는 불 기둥을 그들에게 비추사. 구름과 불은 하나님의 임재를 상징한다. 하나님께서 그들 가운데 임재하시고 인도하신다는 것을 볼 수 있다. 구름기둥과 불기둥은 따로 있는 것이 아니라 아마 하나로 된 형태일 것이다. 구름 기둥 안에 불 기둥이 있는 형태로 보인다. 낮에는 구름기둥으로 사람들에게 잘 보이고 밤에는 불기둥으로 인하여 잘 보일 것이다. 이것은 고대에 많은 군사가 움직일 때 앞에서 화로불을 피워 길을 안내하던 것과 비슷하다.

14 장

14:1-2 비하히롯 앞 바닷가. 수에즈 만의 북쪽으로 15km 정도 떨어진 커다란 비터 호수이거나 그 위쪽의 다른 호수일 것이다. 호수 중의 하나를 당시 '갈대바다'라 한 것 같다. 호수이지만 얕지 않고 10m 이상으로 깊다.

14:3 광야에 갇힌 바 되었다. 이스라엘 백성이 움직이고 있던 경로를 보고 바로는 그들이 광야에서 방황하고 있다고 생각하였다. 그런데 이스라엘의 상황은 바로가 생각하는 것보다 더 위험한 상황이었다. 그들은 앞으로 바다를 두고 있어 독 안에 든 쥐였다.

14:7 병거 육 백대. '병거'는 당시 가장 강력한 무기였다. '병거 육백대'는 어마어마한 규모의 군사다. 당대 가장 강한 애굽이 가장 강한 군대를 이끌고 쫓아왔다.

14:9 이스라엘이 장막을 치고 있는 곳에 대한 이야기를 들었을 때 바로는 매우 크게 웃었을 것이다. 이스라엘은 바다 때문에 도망도 못 가는 코너에 몰린 쥐와 같은 신세였기 때문이다. 이스라엘은 앞으로는 갈대 바다가 있고 뒤로는 애굽의 강한 군사가 있었다. 진퇴양난의 이러한 상황은 세상을 살아가는 신앙인이 자주 겪는 모습이다.

14:11 이 광야에서 죽게 하느냐. 그들은 애굽 군대를 보았다. 두려움이 가득하여 모세를 원망하였다. 이러한 불평이 앞으로 계속 반복될 것이다.

14:12 애굽 사람을 섬기는 것...광야에서 죽는 것. 그들은 애굽 사람을 섬기는 것이 광야에서 죽는 것보다는 낫다고 주장하였다. 하나님의 백성 앞에 놓여 있는 다른 선택을 생각하지 못하고 세상에서의 상황만

비교하고 있다. 세상과 세상을 비교하니 천국 백성인 그들이 그곳에서 손해인 것처럼 보이는 것은 당연하다. 신앙인은 세상과 천국을 비교해야 한다.

14:13 여호와께서...행하시는 구원을 보라. 신앙인은 세상이 하는 일이 아니라 하나님께서 하시는 일을 보아야 한다. 세상에 의해 일어나는 일에 대해 너무 요란스럽지 말고 세상의 일에 대해 조금은 침묵하고 눈을 감으며 하나님께서 하시는 일을 바라보아야 한다.

14:15 이스라엘 백성에게 명령하여 앞으로 나아가게 하고. 모세가 어찌해야 하는지 하나님께 부르짖었던 것으로 보인다. 하나님께서 말씀하셨다. 이스라엘 백성들은 절망하고 있을 때가 아니다. 하나님께서 그들을 마지막에 이르게 하신 것이 아니라 앞으로 가야 할 길을 주실 것이다. 때로는 인생이 마지막처럼 보일 때가 있다. 그러나 그곳에서 오히려 가장 찬란한 영광을 볼 수 있다. 그러니 언제라도 마지막이라 생각하지 마라. 혹시 진정 마지막 이어 그곳에서 죽는다 할지라도 마지막 걸음을 영광스럽게 걸어가라.

14:18 영광을 얻을 때에야...사람들이 나를 여호와인 줄 알리라. 참으로 불신으로 가득하여 하나님을 믿지 않고 두려워하지 않는다. 강한 애굽 군대의 병거와 마병이 수장되어야 하나님 두려운 줄을 알 것이다. 그래서 강한 군대를 불러들인 것이다. 그 강한 군대는 이스라엘을 무너뜨리기 위해 있는 것이 아니라 오히려 자신들이 무너져 하나님을 두려워하게 하기 위한 것이었다. 그들의 군대가 강하면 강할수록 하나님께 더 영광이 된다. 그러기에 강한 군대라고 두려워할 필요가 없다.

14:20 흑암...밝으므로. 이스라엘 진 앞에 있던 구름과 불기둥이 이스라엘과 애굽 군대 사이로 옮겨갔다. 그리고 구름은 애굽

군대쪽으로 향하여 어둠이 가득하게 만들었다. 빛은 이스라엘 쪽을 향하여 야간조명을 환하게 비추었다.

14:21 큰 동풍이 밤새도록 바닷물을 물러가게 하시니. 강하고 큰 바람이 불어 바다를 쳤다. 바다 중간에서 회오리바람처럼 분 것 같다. 양쪽으로 물을 밀어내고 가운데 길을 만들었다. 당시 애굽의 자료를 보면 '갈대 바다'가 12m 정도 깊이였던 것으로 나온다. 바닷물이 양 옆으로 산처럼 쌓였다. 200만의 사람들이 건널 수 있도록 길이 넓게 만들어졌을 것이다.

14:22 상상할 수 없었던 일이 밤새 일어났고 동이 트기 전 그들은 그 길을 건넜다. 갈대 바다는 오늘날 폭이 좁은 곳은 2km이고 넓은 곳은 12km정도 된다. 바다를 건너는 시간도 많이 걸렸을 것이다. 그때 애굽 군대가 따라왔다.

14:24-25 새벽. 밤 3경으로 밤 2시-6시를 말한다. 아마 3경 후반부로 아직은 동트기 전이어서 매우 어두웠던 시간일 것이다. 어둠 가운데서 그들은 바다 가운데 길이 난 것을 보았을 것이고 그 길을 따라 이스라엘을 추격하였다. 그러나 바다가 물러가 양쪽으로 벽이 되어 있었던 것은 자연현상이 아니었다. 자연현상이라면 애굽 군대가 건널 때도 그대로 있어야 하겠지만 애굽 군대가 건널 때 물이 들이닥쳤다. 그들은 모두 바다에 수장되고 말았다.

14:30 죽어 있는 것을 보았더라. 이스라엘 백성들은 무슨 일이 있었는지도 몰랐을 것이다. 동쪽에서 해가 뜨기 시작하였을 때 바다에 떠 있는 엄청난 부산물을 보았을 것이다. 그들은 하나님께서 그들을 위해 무슨 일을 하셨는지 그 과정을 잘 모른다. 그러나 결과를 보고 놀라운 일을 행하신 것만은 분명히 느꼈을 것이다.

14:31 여호와를 경외하며 여호와와 그의 종 모세를 믿었더라. 참으로

놀라웠고 두려웠을 것이다. 그들이 그날 밤 하나님께 불평하였던 것이 참으로 두려웠을 것이다.

오늘날 우리들은 하나님을 경외하는가? 바다를 건넌 후 이스라엘 백성이 하나님을 경외하는 이 마음을 오늘날 우리들도 가질 수 있어야 한다. 우리는 갈대 바다를 건너지 않았다고? 아니다. 오히려 우리는 어쩌면 갈대 바다를 건넌 것을 더 정확히 알 수 있다. 전지적 작가 시점으로 볼 수 있기 때문에, 드론으로 보듯이 큰 그림으로 볼 수 있기에 우리는 더욱더 이 마음을 가질 수 있다. 이러한 마음을 갖는 것이 아니라 가지지 않는 것이 놀랍다. 우리는 믿는다고 하면서도 어찌 그리 믿음이 없을까?

15 장

15:1 여호와께 노래하니. 모세와 이스라엘 백성은 갈대 바다를 건넌 후 찬송을 배웠다. 찬양하였다. 1절은 모세가 찬송하는 이유이며 요약이기도 하다. 모세가 찬양을 배웠다. 무엇 때문인가? **그는 높고 영화로우심이요.** 사건을 통해 하나님의 '높고 영화로우심'을 깨달았다는 말이다. 구체적인 사건으로는 '말과 그 탄 자를 바다에 던지셨음이로다'이다.

모세는 구체적인 사건을 통해 하나님의 높고 위대하심을 경험하였고 찬양을 배웠다. 이때 그의 찬양은 매우 실제적일 것이다. 그의 찬양은 마음 깊은 곳에서 우러나오는 찬양이었다. 사람들이 하나님을 찬양하지 못하는 것은 하나님을 실제로 경험하지 못하기 때문이다. 하나님을 경험하면 하나님을 찬양하게 될 텐데 경험하지 못하기 때문에 찬양하지 않고 찬양하여도 마음 없는 찬양을 한다.

15:2 나의 하나님이시니. 구체적인 사건을 통해 그는 하나님을 자신이

예배해야 하는 분임을 알게 되었다. **내 아버지의 하나님이시니.** 이것은 무슨 의미일까? 당시 성경은 기록되어 있지 않았지만 그들은 이후에 창세기에 기록될 말씀인 조상들의 믿음에 대해 이미 구전으로 전해 듣고 조상들의 믿음을 알고 있었을 것이다. 조상의 하나님이 지금 그들과 함께하시는 하나님이라는 것을 알고 찬송하는 것이다. 오늘날 우리들은 우리 조상(혈통의 조상이 아니라 믿음의 계보)의 믿음에 대해 성경을 통해 듣는다. 나의 하나님을 찬양하며 또한 조상의 하나님, 성경의 하나님을 찬양한다.

15:4 바다에 던지시니. 찬양에 매우 반복된 표현이 있다. '말과 그 탄자를 바다에 던지셨음이로다'(1절)라는 사실을 여러 다른 표현으로 반복하여 말한다. '바다에 던지다'(4절. 1절과 다른 단어) '오른손이 원수를 부수시니이다'(6절) '진노가 그들을 지푸라기같이 사르니이다'(7절) '바다가 그들을 덮으니 납같이 잠겼나이다'(10절) '땅이 그들을 삼켰나이다'(12절) 등 매우 다양한 표현으로 찬양하고 있다. 그런데 아마 그들은 애굽 군대가 바다에 수장되는 것을 어두워 잘 보지 못하였을 것이다. 그들의 상상력이 동원된 표현들이다.

15:11 여호와여 신 중에 주와 같은 자가 누구니이까. 하나님의 크고 위대하심이 새삼 더욱 보였던 것이다. 이스라엘 백성은 갈대 바다를 건넌 이후 세상이 달리 보였을 것이다. 세상을 보는 시각이 매우 새로워졌을 것이다. 찬송하지 않던 마음과 입술이 찬송하지 않고는 도무지 견딜 수 없게 되었을 것이다.

15:13 인자하심으로...인도. 하나님께서 그 백성과 언약을 맺으시고 언약에 충실한 하나님으로 그 백성을 인도하실 것이다. 백성들이 언약을 깨트릴 때도 용서하시며 언약을 회복하시고 유지하시며 그 백성을 인도하실 것이다. 그들을 인도하여 '거룩한 처소'로 들어가게 하실 것이다.

15:17 백성을 인도하사 그들을 주의 기업의 산에 심으시리이다. 구약 성경에서 '산'은 주로 하나님의 임재의 장소요 상징으로 말한다. '내가 산을 향하여 눈을 들리라'는 것은 주의 임재를 바라본다는 의미다. 이곳에서는 가나안 전 지역을 주의 산으로 표현하고 있다. 그들이 찬양에서 이것을 말하고 있는 것은 하나님의 약속을 이미 들어 잘 알고 있기 때문이다. 바다를 건너기 전에는 그 약속이 비현실적인 것으로 보였을 것이다. 그러나 바다를 건넌 후 그들은 이제 이것이 그들 앞에 놓인 현실이라는 것을 깨닫고 그것을 노래하고 있다.

15:18 영원무궁 하도록 다스리시도다. 이스라엘의 관계는 여기에서 끝나지 않고 '영원'의 세계까지 이어질 것이다. 세상 나라 왕이 아니라 하나님이 왕이 되셔서 다스리시는 그 날을 꿈꾸며 살게 될 것이다. 그 꿈은 이루어질 것이다.

세상에서 살다 보면 참으로 천국을 소망하게 된다. 세상 나라 왕은 늘 문제가 많다. 세상에서의 사람의 죄와 우리의 죄가 얽혀 수많은 문제를 낳고 있다. 그래서 하나님께서 다스리실 영원한 나라를 더욱 소망하게 된다. 그 나라에 이르러야 진정한 승리자가 된다. 우리는 세상의 승리에 머무르지 말아야 한다. 이 땅의 승리에서 하나님을 경험하면 우리의 눈은 더욱 미래에 두어야 한다. 하나님께서 다스리시는 영원한 나라에 마음을 두고 나가야 한다.

15:20 미리암. 미리암을 선지자로 말한다. 그가 말하는 아주 짧은 찬양이 선지자적 내용을 담고 있기 때문에 선지자로 말하고 있는 것 같다.

15:21 모세의 찬양 시작 부분인 1절과 거의 비슷한 내용이다. 그런데 분명한 차이점도 있다. 1절에서는 '내가 여호와를 찬송하리니'였는데 이곳에서는 명령형으로 '너희는 여호와를 찬송하라'고 말한다.

15:22 사흘 길을 걸었으나 물을 얻지 못하고. 그들이 갈대 바다에서

놀라운 일을 겪었으나 그 사건 이후 그들 앞에 놓인 길은 비단길이 아니었다. 흔히 신앙인의 길을 비단길로 생각하는 경향이 있다. 그러나 결코 그렇지 않다. 신앙의 길은 진리의 길이지 비단길이 아니다. 이스라엘 백성이 애굽에 있었던 것과 출애굽하여 간 길을 비교해 보라. 그들은 출애굽하였기 때문에 훨씬 더 많이 고생하였다. 갈대 바다를 건너는 가장 놀라운 사건을 겪은 이후에 그들에게 놓인 길은 삼일 동안 물도 제대로 마시지 못하고 뜨거운 광야 길을 걷는 것이었다는 사실을 기억하라.

15:23-24 마라...물이 써서 마시지 못하겠으므로. 드디어 물이 보이는 곳에 도착하였다. 어쩌면 이곳을 모세는 알고 있었을 것이다. 그런데 변수가 생겼다. 물이 있긴 하였는데 '쓴 물'이었다. 모세도 예상하지 못하였던 일일 것이다. 백성은 물이 없을 때는 그래도 버텼는데 쓴 물을 대하자 '원망'이 터졌다. 작심삼일이라고 말한다. 은혜도 삼일일까? 마실 물이 있어야 살아갈 수 있다. 매우 중요한 문제다. 그러나 은혜는 우리가 영원히 살아가는 문제다. 그렇다면 은혜는 더 큰 문제다. 사람들이 일용할 양식을 더 큰 문제로 여기는 경향이 있다. 그래서 물질 때문에 은혜를 저버리는 경우를 많이 본다. 물질이 중요하다. 그러나 은혜는 더 중요하다. 물질 때문에 은혜를 잊는 사람이 되지 말아야 한다. 물질의 문제는 여러 어려움을 가져오지만 우리는 은혜 받은 사람이다. 은혜를 저버리면서까지 물질을 추구해서는 안 된다.

15:25 물이 달게 되었더라. 모세에게 나무를 보여주시고 그것을 물에 넣어 물이 마실 수 있는 물로 바뀌게 하셨다. 여기에서 중요한 것은 쓴 물과 단 물이 아니었다. 쓴 물 사건은 물 문제가 아니라 믿음의 문제였다. 시험이었다.
갈대 바다를 건넌 이후 아직 은혜와 찬양의 가락이 머릿속에 충분히 남아 있을 것 같은데 그들은 마라에서 정확히 한 방 먹었다. 야구로 하면 원 스트라이크이다. 눈뜨고 멀쩡한 상태로 당했다. 뒤돌아보면 죽을 일도 아닐 텐데 물 때문에 하나님의 은혜를 잊고 원망하였다는 것이 부끄러운 일이다.

법도와 율례를 정하시고. 법이 무엇이며 어찌 판단해야 옳은지를 생각해 보아야 한다. 아직 시내산에서 율법을 주신 것은 아니지만 이미 그들은 충분히 하나님께서 기뻐하시는 것이 무엇이며 그들이 어떻게 행동해야 하는지를 충분히 생각하고 판단할 수 있었다. 그들은 하나님의 시험에 정확히 잘못된 답을 선택했다.

15:26 하나님의 말을 들어 순종하면. 하나님께서 그들을 보호하실 것이라 말씀하셨다. 부족함이 있을 것이나 그곳에서 말씀에 귀를 기울이고 순종하면 '치료하시는 하나님'이시기에 만물을 치료하시고 그들을 치료하실 것이라 약속하셨다. 그러기에 이스라엘 백성은 세상의 부족함에 대해 걱정하지 말고 약속을 믿고 당당하게 걸어가라 말씀하신다. 다른 사람도 아니고 하나님께서 약속하신 것이다. 그러니 믿어도 되지 않을까? 다시는 인생의 쓴 물 앞에 (갈대 바다를 건넌)은혜를 잊지 않겠노라고. 마라에서 원 스트라이크를 당했으니 이제 다음 번 시험으로 다가오는 공을 멋지게 때려서 홈런을 치겠노라고 다짐해야 한다.

16 장

16:1 애굽에서 나온 후 둘째 달 십오일. 그들이 출애굽한지 정확히 한 달이 된 시점이다. 시간이 조금 더 흐르면서 양식은 그들에게 중요한 문제가 되었을 것이다. 200만이라는 거대한 인원이 어디에서 양식을 얻을 수 있을까? 그들은 분명히 출애굽할 때 양식을 많이 준비해서 나왔을 것이다. 유목민이었기 때문에 동물도 많이 동행했다. 그런데 한 달이 되면서 먹을 것에 대해 걱정하기 시작하였다. 여전히 광야에서 방황하는 것 같았고 가지고 있던 양식은 다 떨어져 가니

아껴 먹으면서도 걱정이 되지 않을 수 없을 것이다.

16:2-3 원망...배불리 먹던 때. 그들은 부족한 식량과 고기를 제대로 먹지 못하는 것에 대해 불평하였다. 원망은 항상 맞는 부분과 틀린 부분이 있다. 맞는 것만 생각하면서 원망하는 것이다. 그들이 애굽에 있을 때보다 더 적은 식량을 먹고 고기를 잘 못 먹고 있다는 것은 사실이다. 그들은 지금 고생하고 있다. 그러나 그들은 자신들이 애굽에서 어떤 처지로 있었는지를 잊고 있다. 그들이 지금 그리워하고 이상화하고 있는 애굽에서 그들은 종으로 있었다. 그들은 배부른 돼지가 아니라 배고픈 소크라테스가 되기 위해 출애굽하였다. 그 모든 어려운 과정을 하나님께서 은혜로 역사하셔서 출애굽하였다. 하나님의 모든 역사를 직접 경험하였다. 그런데 지금 다시 옛날로 돌아가 단지 먹는 것으로 과거와 현재를 비교하는 것은 참으로 어리석은 원망이다. 그들은 야구로 하면 투 스트라이크를 당하였다. 마라에서 원망한 것이 얼마 지나지 않은 시점이다. 그때 원 스트라이크를 그대로 당해 놓고도 여기에서 투 스트라이크를 또 그대로 당하고 있다.

16:4 하늘에서 양식을 비 같이 내리리니. 얼마나 큰 은혜인지 모른다. 그런데 하나님께서 이스라엘 백성들에게 작은 '율법(규칙)'을 주셨다. **그들이 내 율법을 준행하나 아니하나 내가 시험하리라.** 양식을 비같이 내리시는 은혜를 베푸시는데 그 안에 규칙을 두셔서 시험하셨다. 하나님의 은혜의 임재가 마냥 기쁨이 되지 못하고 제약이 있었다. 이것은 그들이 광야 생활하는 동안 계속 그랬을 것이다. 만나가 진정한 기쁨이 되지 못하고 자신들의 허물을 돌아보는 계기가 되었을 것이다.

16:6 저녁이 되면 너희가 여호와께서 너희를 애굽 땅에서 인도하여 내셨음을 알 것이요. 저녁에 메추라기를 공급하셔서 하나님의 영광의 임재를 알리신다는 뜻이다.

16:7 아침에는 너희가 여호와의 영광을 보리니. 아침에 만나를 먹게 될 것을 말씀하시는 것이다. **여호와께서 너희가 자기를 향하여 원망함을 들으셨음이라.** 하나님의 임재가 책망과 함께 나온다. 하나님의 임재는 참으로 영광스럽고 기쁜 일이다. 그런데 그들은 원망 때문에 하나님의 임재가 조금은 더 두렵고 부끄러움으로 다가오게 되었을 것이다. 원망이 아니라 간구를 했다면 얼마나 좋았을까? 그랬다면 하나님의 임재는 그들에게 큰 영광이요 기쁨이 되었을 것이다. '원망'이라는 단어가 얼마나 많이 나오는지 모른다. 그만큼 하나님께서 그들의 원망을 슬퍼하셨다는 뜻이다. 간구해야 응답이 될 때 기쁨이 배가된다. 하나님을 신뢰하며 간구하라.

16:13 저녁에는 메추라기가 와서 진에 덮이고. 하나님께서 말씀하시고 밤에 메추라기가 하늘에서 떨어졌다. 이 지역에서 메추라기는 오늘날도 종종 떨어지곤 한다고 한다. 아프리카에서 봄을 지내고 유럽쪽으로 날아가는 철새들인데 중간에 힘이 떨어진 새가 땅에 떨어지는 것이다. 이스라엘에게 고기로서 메추라기는 지극히 일상적인 모습 가운데 주셨다. 그러나 이스라엘 백성이 있는 곳에 그것도 매우 많은 메추라기가 떨어진 것은 하나님의 특별한 은혜다. 일상의 얼굴을 하고 있는 은혜다.

16:14 이슬이 마른 후에 광야 지면에 작고 둥글며 서리 같이 가는 것. 처음 보는 것이기 때문에 '만나(무엇이냐)'라 이름 붙였다. 이것을 오늘날에도 이 지역에서 '만나'라 불리는 음식으로 벌레가 나무 진을 먹고 싼 배설물이라고 말하는 사람도 있다. 그러나 여러 면에서 그 배설물은 아닌 것 같다. 이스라엘 백성에게 주어진 만나는 매일 아침에 주어졌고 사시사철 주어졌으며 남겨두면 상하였고 그렇게 많은 양의 배설물이 있을 수도 없다. 이것은 그 이름 그대로 그때까지 전혀 알지 못하던 음식이었고 그 이후로도 없는 음식으로 하나님께서 광야에서 먹을 것이 필요한 이스라엘을 위해 아주 특별히 주신 음식이다.

16:15 이것은 여호와께서 너희에게 주어 먹게 하신 양식이라. 중요한 것은 하나님께서 주신 것이라는 사실이다. 방식이 어떤 것이든 하나님께서 주신 것이라는 것이 중요하다.

만나는 이스라엘 백성에게 신비였다. 그런데 곧 일상이 되었다. 오늘날 신앙인들이 먹는 식사는 일상이다. 그것이 신비가 된다면 얼마나 좋을까.

16:16 먹을 만큼만 이것을 거둘지니. 가족 구성원 한 명당 한 오멜 수확하도록 하셨다. 그것은 만나가 부족해서가 아니다. 이스라엘을 시험하시는 것이며 훈련하시는 것이다.

16:19-20 아무든지 아침까지 그것을 남겨두지 말라. 미래를 위해 남겨두는 저축의 마음은 죄는 아니다. 그러나 '남겨두지 말라'했는데 남겨두면 죄가 된다. 하나님께서 '남겨두지 말라' 하셔서 그들의 탐욕의 마음을 제어하기를 원하셨다. 시험하기를 원하셨다. 훈련시키고자 하셨다. 역시 그들 중에는 만나를 다 먹지 않고 다음날 아침까지 남겨둔 사람이 있었다. 모세는 하나님 말씀을 듣지 않은 이들에게 노하였다.

16:23 안식일. 매일 한 오멜씩 수확해야 하지만 안식일 전날에는 두 오멜씩 수확하라 하셨다. 다른 날에는 다음날까지 놔 두면 상하였지만 안식일 전날에는 다음날까지 두어도 상하지 않게 하셨다. 안식일을 거룩히 지키도록 하기 위함이었다. 안식일은 하나님께서 세상을 창조하셨고 안식하심을 기억하는 날이다. 하나님의 안식을 따라 그 백성도 안식하는 날이다. 이것은 의무요 권리였다. 일하는 것이 중요하고 먹고 사는 일이 중요하다. 그러나 하나님의 창조를 기억하는 것은 가장 중요하다. 만나를 통해 그것을 가르치셨다.

16:27-28 일곱째 날에...거두러 나갔다가. 안식일에는 만나를 거두지 못하였다. 하나님께서 말씀하신 대로 그 날에는 만나가 내리지 않았다. 만나를 구하기 위해 온 사람들에게 '어느 때까지 내 계명과 내 율법을 지키지 아니하려느냐'라고 책망하셨다.

만나가 내리던 시대가 아닌 다른 때는 안식일에 일용할 양식을 얻을 수 있었다. 얻을 수 있어도 그날 얻는 것은 '어느 때까지 내 율법을 지키지 아니하려느냐'라는 책망은 동일할 것이다. '안식일에 일하지 말라'는 말씀은 동일하게 적용되기 때문이다. 그날 얻을 수 없어도 밖에 나갔던 사람들이 있었는데 그날 얻을 수 있으면 더 많은 사람이 양식을 구하러 나갈 것이다. 그러나 그것은 만나를 구하러 나갔을 때 얻을 수 없었던 사람처럼 동일하게 실제로는 얻는 것이 아니라 잃는 것이 될 것이다. 말씀을 어기는 것이기 때문이다.

오늘날에는 주일을 지킨다. 하나님의 1창조를 기억하며 안식일을 지키던 것을 하나님의 2창조인 회복과 구원의 중심이 예수님의 부활에 담겨 있기 때문에 예수님이 부활하신 주일을 지킨다. 주일은 안식일에 더하여진 것이다. 1창조 없이 2창조가 있을 수 없기 때문이다. 주일은 하나님의 창조와 회복을 기억하면서 지키는 날이다. 그래서 예배하는 날이다. 안식일이 쉬는 날이었다면 주일은 예배하는 날이다. 세상을 창조하시고 죄로 타락한 세상을 다시 회복시키고 구원하시는 하나님을 예배하는 날이다.

16:31 이름을 만나라 하였으며. '이것이 무엇이냐'는 의미로 '만나'라 이름을 붙였다. 이름이 아니라 그것을 주신 하나님을 기억하는 것이 중요하다.

16:32 대대 후손을 위하여 간수하라. 이스라엘 백성은 만나가 아니라 만나를 통한 교훈을 기억해야 했다. 하나님께서 만나를 항아리에 넣어 보관하라 하셨다. '내가 너희를 애굽 땅에서 인도하여 낼 때에 광야에서 너희에게 먹인 양식'임을 보이는 것이다. 그것은 매우 중요한 사실이었다. 그래서 언약궤에 십계명 돌 판과 함께 간직하게

하셨다.

16:34 증거판 앞에 두어 간수하게. 만나를 경험한 시대만이 아니라 모든 시대 사람들이 기억해야 하는 것이었기 때문에 언약궤에 넣어 기억하게 하셨다.

오늘날 우리에게 구체적으로 만나를 매일 내려주시지는 않지만 여전히 우리의 삶에 필요한 일용할 양식을 주신다. 이스라엘 백성이 광야에서 만나를 먹을 때 애굽 사람들은 집에서 더 풍성한 음식을 먹었을 것이다. 그러나 만나는 하나님께서 주신 것이라는 사실에서 달랐다. 기억해야 했다. 그것처럼 오늘날 우리의 음식이 다른 사람들에 비해 혹 부족하여도 하나님께서 주시는 것임을 경험하고 있다면 그것은 만나와 같은 것이 될 것이다. 우리의 모든 일용할 양식은 만나가 되어야 한다. 그것이 만나를 보관하게 하시는 이유다.

17 장

17:1 여호와의 명령대로. 그들이 가야 할 길을 잘 가고 있었다. 물론 불기둥과 구름 기둥이 그들을 안내하였다. 그들은 본래의 계획대로 '르비딤'에 이르렀다. 그곳은 아마 물이 있는 오아시스였을 것이다. **마실 물이 없는지라.** 그들이 도착하였을 때 물이 없었다. 물이 말라서 그랬을 수도 있고 아니면 이후에 아말렉과 전쟁을 하게 되는데 아말렉이 물을 마시지 못하도록 조치를 했을 수도 있다.

17:2 백성이 모세와 다투어. 르비딤까지 올 때 그들은 물이 많이 부족하였던 것으로 보인다. 그들은 르비딤에 가면 물을 마실 수 있을 것이라고 들었을 것이다. 기대를 하고 왔다. 그런데 르비딤에 왔을 때 물이 없었다. 순간 그들은 폭발하였다. 백성들이 모세와 다투었다. 그들은 모세에게 물을 요구하였다. 원망과 분노로 가득하였다.

17:3 어찌하여 우리를 애굽에서 인도해 내어. 그들은 출애굽을 부인하였다. 출애굽할 때의 하나님의 놀라운 역사와 은혜를 부정하였다. 지금 물이 없다는 것 하나 때문에 과거의 모든 것을 부정하고 있다. 어리석은 사람의 대표적인 모습이다.

먹고 마시는 것과 관련해서 이스라엘 백성들은 마라에서 물 때문에 원 스트라이크, 신 광야에서 고기와 음식 때문에 투 스트라이크를 당한 상태였다. 이번에도 물이 없어 불평하고 다툼으로 쓰리 스트라이크를 당한 것이다. 그러면 삼진 아웃이다. 그런데 하나님의 은혜는 커서 삼진 아웃을 시키지 않고 다시 은혜를 베푸신다. 물을 주신다.

17:6 호렙 산. 아마 호렙은 산맥(산보다 더 넓은 개념)으로 보는 것도 좋을 것 같다. 시내산이 가까이에 있기에 그곳을 호렙산이라 하여도 이상하지 않다. **반석을 치라 그것에서 물이 나오리니.** 하나님을 상징하는 반석에서 물이 나옴으로 하나님께서 그들에게 물을 제공하셨음을 보여주셨다.

르비딤에서 일어난 이 사건은 매우 중요하다. 성경에서 마라에서의 원망과 물 공급에 대해서는 언급하지 않는데 르비딤에서 물 때문에 원망한 것에 대해서는 자주 언급한다. 유명한 죄가 된 것이다. 왜 그럴까? 앞에서 투 스트라이크가 있었기 때문인 것 같다. 그렇게 경험하였으면 이제는 물질적인 공급에 대해 하나님을 의지할 만한데 그렇지 못하였기 때문이다. 삼진 아웃의 안타까움이다.

17:7 맛사 또는 므리바. 그곳 이름을 맛사와 므리바라는 두 이름을 새로 붙였다. 두 이름은 굉장히 특이한 현상이다. 그만큼 이곳의 사건이 중요하다는 의미다. 그만큼 그들의 불신앙에 대한 강한 책망이다.

맛사는 '시험'이라는 뜻이고, 므리바는 '다툼'이라는 뜻이다. 이스라엘 백성은 르비딤에서 하나님을 시험하였고 하나님과 다투었다. 시험은 하나님께서 이스라엘 백성에게 주시는 과제다. 이스라엘 백성은 하나님을 시험하면 안 된다. 신뢰해야 한다. **하나님께서 우리 중에 계신가 안 계신가.** 지금까지의 모든 은혜를 부정하는 것이다. 사람들은 그렇게 쉽게 현재의 작은 것 때문에 과거의 모든 것을 부정하는 불신앙이 강하다. 매우 큰 불신앙이다. 이스라엘 백성이 그렇게 하였기 때문에 우리들도 그렇게 해도 되는 것이 아니라 이스라엘 백성의 모습에서 강한 경고를 보아야 한다.

갈대 바다에서 시내산까지 여정에서 그들은 세 번이나 실패하였다. 마라에서 물, 신 광야에서 먹을 것과 고기, 르비딤에서 다시 물 문제로 하나님을 신뢰하는 일에 실패하였다. 그리고 기록된 마지막 사건이 아말렉과의 전투다

17:8 아말렉이 와서...싸우니라. 아말렉이 비겁하게 이스라엘의 후미를 쳤다. 아말렉은 에서의 첩이 낳지만 제일 나이 많은 아들 지파다. 어찌 보면 혈통적으로 이스라엘과 매우 가까운 관계다. 그런데 그들은 하나님을 무시하고 혈통을 무시하고 자신들의 이익을 위해 뒤에서 갑작스럽게 이스라엘의 약자들을 공격하였다.

17:9 하나님의 지팡이. 모세는 여호수아에게 '군사를 이끌고 가서 아말렉과 싸우라' 하였다. 그리고 자신은 주변 가장 높은 언덕에 올라갔다. 당시 전쟁에서 지휘관은 주변에서 가장 높은 곳에 올라가 지휘하였다. 그것처럼 모세가 가장 높은 곳에 올라가 지휘하는데 그가 지휘하는 것이 아니라 그가 손에 들고 있는 '지팡이'가 보여주고 있는 하나님이 지휘하실 것이다.

17:11-12 모세의 손. 전쟁이 진행되면서 이상한 일이 일어났다. 모세가 손을 들고 있으면 이스라엘이 이기고 손을 내리면 아말렉이 이겼다. 싸움의 승패가 언덕 아래에서 싸우는 병사들의 힘이 아니라 언덕 위에서 손을 들고 있는 모세의 손에서 판가름이 났다.
모세가 손을 어떻게 들고 있었을까? 11절에서 '모세의 손'이라 말할 때 히브리어는 단수형이다. 12절에서는 복수형이다. 번역할 때 11절도 복수로 하는 경우가 많은데 잘못이라 생각된다. 본문은 그때의 상황을 잘 묘사하고 있다. 여기에서 중요한 것은 모세의 손이 아니라 모세의 손이 잡고 있는 '하나님의 지팡이'다. 이 지팡이는 지금까지 하나님의 일을 하였다. 이 지팡이는 하나님의 권능을 상징하며 실제적으로 보여주는 것이었다. 하나님의 권능과 임재의 상징으로 사용되었다. 손을 들고 있는 것은 기도를 의미하는 것이 아니라 지팡이를 높이 들어 언덕 아래의 병사들이 '하나님의 지팡이'를 잘 보도록 하기 위함이다. 정확히 표현되어 있지는 않지만 모세는 양 손을 든 것이 아니라 지팡이를 든 손을 들었을 것이다. 힘들면 다른 손으로 번갈아 잡고 들었을 것이다. 힘이 들자 아론과 훌이 양쪽에서 한쪽 손을 들 때는 아론이 다른 쪽 손을 들 때는 훌이 옆에서 받쳐 주면서 하나님의 지팡이를 내리지 않고 들고 있음으로 병사들이 그 지팡이를 볼 수 있었고 하나님의 권능의 임재 가운데 승리할 수 있었다. 양손을 들고 있는 것을 가정하여 생각하면 양손을 들면 지팡이가 아니라 손이 중심이 되고 현실적으로도 옆에서 받쳐 준다 하여도 받쳐 주는 사람도 아파서 계속 들고 있을 수 없었을 것이다.

17:13 여호수아가 칼날로. 분명히 '칼날로' 이겼다. 그러나 모세의 지팡이를 보면서 전쟁을 한 이스라엘 군사들은 그들이 칼날로 이긴 것이 아니라 하나님의 힘으로 이겼음을 알고 있을 것이다.

17:15 제단...여호와 닛시. 제단을 만들어 제사 드린 후 그 제단의 이름을 '여호와 닛시'라 붙였다. 제단을 만들었다는 것은 하나님께 제사하며 하나님께 감사한다는 뜻이다. 여호와 닛시의 뜻은 '여호와는 나의 깃대이다'이다. 모세가 든 지팡이를 통해 하나님을 보았고 하나님이 그들의 깃대가 되시고 지휘관이 되셔서 전쟁을 이기게 하신 분이라는 고백이다.

18 장

18:1 제사장인 이드로가...들으니라. 이스라엘이 출애굽을 하고 광야에 들어온 일은 이 지역 최고의 뉴스였을 것이다. 모세의 장인이며 미디안의 제사장인 이드로도 그 소식을 들었다.

18:2 모세가 돌려 보냈던 그의 아내. 이드로는 자신의 딸이며 모세의 아내인 십보라와 함께 이스라엘을 방문하였다. 모세의 아내와 자녀들이 이드로에게 보내졌던 시기는 정확하지 않다. 모세가 애굽에 가다가 돌려보냈을 수도 있으며, 애굽에서 위험 요소가 증가하자 보냈을 수도 있으며, 출애굽 후 바로 보냈을 수도 있고, 어쩌면 르비딤에서 아말렉과의 전쟁 후 미디안의 우호적 반응을 이끌어 내기 위해 모세가 보냈을 수도 있다. 나는 제일 마지막 것이 가능성이 더 높다고 생각한다.

18:3-4 게르솜...엘리에셀. 당시 모세의 마음은 그의 아들들의 이름에서 잘 드러난다. '게르솜'이라는 작명에서 볼 수 있듯이 모세는 40년 전에 이 지역에서 '나그네'로서의 외로움 속에 있었다. 그러나 두번째 아들을 낳았을 때 '엘리에셀'이라 하였다. '내 아버지의 하나님이 나를 도우셨다'라고 생각하였다. 어려움이 가득하였지만 하나님께서 함께 하셨다. 하나님이 함께 하시니 가장 든든하였다.
이스라엘 백성은 지금 광야에서 철저히 외로운 모습이다. 온통 적군으로 둘러 쌓인 모습이다. 그러나 하나님의 도우심을 믿었다. 아말렉과의 전쟁은 그것을 정확히 반영하였다. 그리고 이제 미디안의 대제사장인 이드로의 방문은 하나님의 도우심의 새 이정표가 된다. 이드로의 방문은 개인의 자격으로서 만이 아니라 미디안을 대표하는 성격도 지니고 있다. 그의 직분이 그러하다. 아말렉과의 전쟁에서 승리하기는 하였지만 주변 국가들이 모두 아말렉처럼 그렇게 적의를 가지고 있으면 이스라엘은 더 위험하게 될 것이다. 그래서 어쩌면 모세는 자신의 가족을 장인에게 보내 평화를 추구하였을지도 모른다.

18:8 여호와께서 이스라엘을 위하여 바로와 애굽 사람에게 행하신 모든 일과 길에서 그들이 당한 모든 고난과 여호와께서 그들을 구원하신 일. 미디안을 대표하는 이드로가 환대를 선택한 것은 모세가 이드로에게 자세히 말하였기 때문이다. 이드로가 이곳에 오기 전에도 그는 소문으로 들어서 알고 있었고, 자신의 딸에게 들어서 더 자세히 알게 되었으며, 모세를 통해 또 들었다. 이드로의 선택에 이것이 매우 중요한 역할을 하였다는 것을 말하고 있다.

18:10 여호와를 찬송하리로다. 강조된 문장이다. 이드로는 하나님께서 이 모든 일을 하셨음을 말한다.

18:11 이제 내가 알았도다. 이 말의 의미는 두 가지 가능성이 있다. 이드로가 몰랐다가 알았다는 의미일 수도 있고, 이전에 알던 것을 조금 더 실제적으로 알았다는 의미일 수도 있다. 후자일 가능성이 더 높아보인다. 이드로는 믿음으로 이스라엘 민족을 환대하였다. 이스라엘은 아말렉의 적의와 주변 국가들의 적으로 섬처럼 느낄 수 있는 그런 처지였는데 하나님께서 이드로를 준비하고 미디안을 예비하셨다가 이스라엘을 환대하게 하셨다는 것을 볼 수 있다. 이스라엘의 출애굽이 최소한 미디안에게는 하나님의 하나님 되심을 더 드러내는 계기가 되었음을 볼 수 있다. 우리의 믿음이 하나님께 영광이 된다는 것은 참으로 행복한 일이다. 행복하면 더 힘이 생긴다.

18:12 떡을 먹으니라. 함께 하나님께 예배하고 하나님 앞에서 함께 언약의 빵을 먹었다. 이 조약은 이스라엘이 이 지역에서 어느정도 존재가 인정된 것이다. 이것은 또 하나의 분명한 '여호와 닛시'이다. 아말렉과의 전쟁에서 이김으로 어느 정도 위치를 차지하게 된 것과 더불어 미디안과의 평화조약은 당분간 어느정도 그들의 위치를 더욱 곤고하게 하는 것이 되었을 것이다.

18:14-15 어찌하여 네가 홀로 앉아 있고...백성이 하나님께 물으려 내게로 옴이라. 이드로는 모세가 하는 일을 보았다. 어디에 있든 사람 사는 일이 참 많은 분쟁이 있기에 광야에서도 모세는 사람들 사이의 분쟁을 재판하느라 매우 바쁜 나날을 보내고 있었다. 하나님께서 지금까지 모세를 통해 말씀하셨기 때문에 어쩌면 당연히 그렇게 해야 하는 것일 수 있다. 그러나 이드로는 모세에게 충고하였다.

18:17-18 너와 또 너와 함께 한 이 백성이 필경 기력이 쇠하리니...네가 혼자 할 수 없으리라. 모세가 지금 하고 있는 일이 '옳지 못하다'고 말한다. 잘하고 있는 것으로 보이지 않다는 말이다. 모세에게도 이스라엘 백성에게도 좋지 못한 일이라 말하였다.
이드로의 충고는 어떤 의미를 가질까? 모세는 이드로의 제안을 받아들여야 할까? 모세가 하나님의 뜻을 들어 일을 하고 있는 것인데 이드로가 모세보다 더 현명한 생각을 해 내는 것이 가능할까? 이후 시내산에서도 하나님께서 모세에게 재판 조직에 대해 말씀하지 않으신다. 이것은 시내산 언약에 속한 것이 아니라 하나님의 일반 법칙에 해당한다는 것을 볼 수 있다.

18:21 사람을 선택할 때 4가지 조건이 나온다. 일을 감당할 능력 있는, 하나님을 경외하며, 진실하며(믿을 만 하며), 뇌물을 받지 않을(불법적인 이익을 미워하는 사람) 사람이다.

19 장

출애굽 전반부(1장-18장)는 이스라엘 백성이 애굽에서 나오는 이야기다. 세상나라에서 나온 것이다. 후반부는 하나님의 백성으로 언약을 맺는 이야기다. 하나님 나라 백성이 되는 것이다. 하나님께서 이스라엘 백성을 출애굽시키셨다. 그들을 단지 종에서 자유인으로 만들기 위해서가 아니라 하나님의 자녀로 삼으시기 위해 출애굽하게 하셨다.

19:1 애굽을 떠난 지 삼 개월이 되던 날. '세 번째 새로운 달의 날' 또는 '세 번째 달의 첫 날' 이라는 의미다. 그러기에 90일이 아니라 그들이 떠난 유월절(14일) 이후 다음달에 더하여 그 다음 달의 첫 날인 47일이거나 47일(16+30+1) 이상에서 76일 이하의 어느 날일 수도 있다.

시내 광야에 이르니라. 이스라엘 백성이 드디어 시내광야에 도착하였다. 시내산을 앞에 둔 곳이다. 이곳에서 그들은 11개월 동안 있게 된다. 출애굽기 나머지 모든 부분과 레위기 그리고 민수기 10장 10절까지의 배경이 시내광야다. 모세는 애굽에 갈 때 이스라엘 백성을 이곳에 데려오는 사명을 가지고 갔다.

이곳이 왜 가장 중요한 장소가 될까? 이곳에서 하나님과 언약을 맺기 때문이다. 이곳이 신성한 장소는 아니다. 그러나 언약을 맺기 위해 하나님께서 이스라엘 백성을 이곳에 부르셨고 하나님께서 특별한 임시 거처로 삼으심으로 이곳은 이스라엘 백성이 있는 동안 특별한 곳이 된다.

19:4 내가...행하였음...인도하였음을 너희가 보았느니라. 이스라엘 백성들은 하나님께서 그들을 위하여 무엇을 행하셨는지를 보았다. 그들을 애굽에서 시내광야까지 '독수리 날개로 업어 인도'하셨음을 잘 알고 있다.

독수리 날개로 업어. 이스라엘 백성은 하나님의 기적 같은 은혜로 시내산에 이르게 되었다. '독수리 날개로 업는다는 것'의 비유가 의미하는 것은 독수리의 강함과 빠름을 의미하기도 하지만 독수리의 교육방식(신 32:11)을 더 함축하는 비유다. 독수리는 새끼에게 날기를 가르칠 때 둥지에서 떨어트린다. 그리고 새끼가 잘 날지 못하여 추락하면 재빨리 날아가 그의 날개로 받아 보호한다. 아주 짧은 시간 안에 생사를 경험하는 것이다. 이스라엘 백성은 지난 3개월의 기간이 그러하였다. 그렇게 하나님의 은혜를 경험하였다. 그리고 그들의 그러한 경험은 그것으로 끝나면 안 된다. 오늘의 경험이 미래로 나가야 한다.

19:5 내 언약을 지키면. 언약 조건인 말씀을 잘 지키면 그 혜택은 대단하다. 하나님의 보물(소유)이 되고, 제사장 나라(하나님의 제사장이 되어 나라를 통치함)가 되며, 거룩한 백성(특별하고 성별된 백성)이 될 것이라고 말씀하셨다. 특별한 능력이 있는 사람이 아니라 언약을 지키는 이스라엘 백성 모두가 그렇게 하나님의 특별한 존재가 될 것이다.

19:8 여호와께서 명령하신 대로 우리가 행하리이다. 이스라엘 백성이 하나님의 위대하고 은혜로운 제안을 받아들임으로 거룩한 계약인 '언약'이 체결된다. 하나님께서 언약을 제안하시고 이스라엘이 받아들임으로 언약이 체결되었다.
이스라엘 백성이 하나님과 언약을 체결하겠다는 답을 보내자 하나님께서 모세를 통해 이스라엘 백성이 준비해야 하는 것이 무엇인지를 말해 주셨다. 무엇을 준비해야 할까? 도장을 준비해야 할까? 언약의 내용 즉 계약서의 내용은 앞에서 나왔듯이 '하나님께서 명령하시는 것 곧 말씀'이다. 그런데 그 언약을 실제적으로 체결하기 전 이스라엘 백성이 준비해야 하는 것이 있다고 말씀하신다.

19:10 정결하게 하며. 무엇보다 먼저 '정결의식'이 필요했다. 이것은

'정결'이 아니라 '정결의식'이다. 옷을 빤다고 그들이 거룩해지는 것은 아니다. 이스라엘 백성이 이후에 말씀을 지키게 될 것이다. 그러나 그들은 말씀을 어기게 될 때도 있을 것이다. 아직 많이 준비되지 못하였기 때문이다. 그러나 중요한 것이 무엇일까? '마음'이다. 아직은 부족하지만 마음만은 계속 그것을 이루어 가고자 하는 자세가 되어 있어야 한다. 정결의식은 바로 그러한 역할을 한다.

정결의식은 지금은 비록 정결하지 못하지만 정결한 것을 희망하는 마음이다. 그러기에 정결의식은 정결은 아니지만 정결을 이루어 가는 과정이다. 그리고 그러한 마음이 있기에 오늘 깨끗하지 못하여도 깨끗한 사람으로 받아들여지는 것이다. 거룩하신 하나님께서 거룩하지 않은 그들을 만나주시는 것이다. 그러니 정결하지 못하여도 정결하고자 하는 진실한 마음으로 하나하나 이루어 가며 살아야 한다.

19:12 반드시 죽임을 당할 것이라. 하나님을 경외하는 마음을 가져야 한다. 언약을 체결할 때 가져야 할 아주 중요한 자세다. 그들은 지금 무슨 일이 일어나고 있는지를 잘 알아야 한다.

하나님과 사람이 계약을 체결하려는 것이다. 그러면 사람은 참으로 영광스럽게 생각하고 감사해야 하지 않겠는가? 비록 하나님의 은혜로 마치 하나님과 대등한 관계처럼 하나님과 자신들이 계약서를 작성하고 있지만 그러나 그 마음만은 하나님을 향한 크고 깊은 경외의 마음으로 서야 한다.

19:16 우레와 번개와 빽빽한 구름. 하나님은 무소부재하시다. 어느 곳이든 존재하지 않으시는 곳이 없다. 또한 하나님께서 특별히 거하시는 곳이 있다. 하나님께서 이스라엘 백성과 언약을 체결하기 위해 특별히 이스라엘 백성에게 오셨다. 하나님께서 특별히 오신 것을 표현하기 위해 세 가지가 언급되고 있다. 우레와 번개와 빽빽한 구름이다. 이것은 폭풍이 올 때와 비슷한 모양이기도 하다. 비 없는 폭풍우라고 할 수 있다. 하나님은 영이시다. 그러기에 그 분이 특별하게 임하심을 볼 수 없다. 그러한 이스라엘 백성을 위해

하나님께서 특별히 거대한 소리를 동반한 우레와 번쩍이는 번개와 온 하늘을 덮은 짙은 구름으로 그들의 눈이 이상한 현상을 보게 하셔서 그들이 느낄 수 있게 하셨다. **백성이 다 떨더라.** 사람들이 하나님의 위엄 앞에 두려워 떨었다.

19:17 모세가 하나님을 맞으려고. 하나님과 이스라엘 백성이 공식적으로 만나는 역사적인 순간이다.

19:18 여호와께서 불 가운데서 거기 강림하시니. 마치 화산과 같은 모습가운데 강림하셨다. **온 산이 크게 진동하며.** 산이 크게 격동함으로 하나님의 강림이 백성들에게 극적으로 보였을 것이다. 하나님은 만물의 주인이시니 지구가 움직이고 우주가 격동하여도 부족하다. 이러한 현상은 지극히 작은 현상이며 백성들의 마음이 준비되도록 하기 위함이다. 하나님은 크고 놀라운 분이다. 사람들이 세상에서 가장 모르는 것은 아마 '하나님의 크고 놀라움'일 것이다. 우주의 창조주이신 하나님을 사람들이 모른다. 산이 크게 흔들리면 그때는 두려워한다. 산이 움직이는 것이 하나님의 크고 위대하심을 아주 조금밖에 말하는 것이 아님에도 불구하고 산이 움직이는 것에 대해서는 매우 놀라워하면서도 '창조주 하나님'에 대해서는 놀라워하지 않는다. 그것은 창조주 하나님을 제대로 모른다는 의미일 것이다.

19:20 산 꼭대기에 강림하시고 모세를 부르시니. 하나님께서 이스라엘 백성에게 화산의 현상과 같은 것으로 직접 나타나셔서 언약의 당사자가 누구인지를 보여주셨다. 언약의 당사자는 이스라엘 백성과 하나님이다. 그리고 이제 구체적인 언약의 내용을 말씀하시기 위해 모세를 산에 올라오라 하셨다. 시내산은 하나님께서 이스라엘의 대표인 모세를 조금 더 가까이 만나시는 장소가 된다. 하나님은 시내산 정상에 내려오시고 모세는 시내산 정상에 올라감으로 조금 더 가까운 만남이 이루어진다.

19:21 여호와에게로 와서 보려고 하다가 많이 죽을까 하노라. 백성들에게 엄히 경고하신다. 하나님께 가까이함이 복이다. 그러나 하나님을 창조주 하나님이 아니라 단순히 호기심의 대상처럼 얕잡아 보면서 가까이하면 복이 아니라 화가 될 것이다.

19:22 제사장들에게 그 몸을 성결히 하게 하라. 백성들은 시내산의 경계를 넘어 산에 올라갈 수 없었다. 제사장들은 이후에 올라가게 될 것이다. 그래서 그들은 '그 몸을 성결'히 해야 한다. 만약 그들이 자신을 성결하게 하지 않으면 하나님께서 그들을 멸하실 것이다. 제사장이 되어 시내산에 오른다고 좋은 것만은 아니다. 만약 그들이 성결하지 못하면 그들은 죽임을 당할 것이다.

20 장

20:1 이 모든 말씀. 십계명을 말한다. 오늘 본문 십계명은 시내산에 강림하신 하나님께서 이스라엘 백성에게 직접 하신 말씀이다. 백성들이 하나님 앞에 나와 엎드렸고 시내산 위에서 하나님의 임재의 모습으로부터 직접 음성이 들렸다. 십계명의 말씀을 모든 백성이 듣도록 직접적으로 말씀하신 이유가 무엇일까? 이후에 모세가 시내산에 올라가서 받아오는 말씀에 앞서 십계명은 말씀의 요약이어서 백성들이 직접 들어야 하는 것이었기 때문이다. 보험을 들 때 안의 구체적 조항은 나중에 세부적으로 들어야 하지만 중요한 것은 직접 들려주는 것과 비슷하다.

20:2 인도하여 낸 네 하나님 여호와니라. 언약 조항을 알기 전에 이스라엘 백성이 알아야 하는 가장 중요한 것이 있다. 그들이 왜 이 조항을 지켜야 하는지를 알아야 한다. 여호와는 하나님의

고유명사이며 창조주이심을 담고 있다. 여호와께서 이스라엘 백성의 하나님(전능하신 분)이시다. 그들의 하나님이시기에 하나님께서 지금까지 인도하셨다. 무엇보다 '너를 애굽 땅, 종 되었던 집에서 인도하여 낸' 하나님이심을 말씀하셨다. 하나님께서 그들을 위하여 일하셨다. 그들을 사랑하셔서 멸망의 구렁텅이에서 건지셨다. 세상에서 건지셔서 하나님 나라 백성으로 부르셨다. 하나님이 거룩하시니 백성이 거룩해야 한다. 하나님 나라의 백성으로서 이제 지켜야 하는 언약 조항이 있다.

십계명은 8개의 부정명령과 2개의 긍정명령으로 되어 있다. 그것은 타락한 사람들이 잘못된 길로 가고 있다는 것을 의미하기도 한다. 우리는 자신의 생각과 마음을 따라 갈 것이 아니라 말씀에 비추어 자신의 생각과 마음을 바꾸어야 한다.

20:3 나 외에는. 직역하면 '내 앞에'다. 하나님 앞에서 다른 하나님(엘로힘)을 두고 사는 것은 참으로 어리석은 일이다. 아내 앞에서 다른 여자와 데이트를 하고 마음을 주는 것과 같다. 그것이 그 사람을 행복하게 하는 것이라면 그나마 조금 나을텐데 그것은 멸망의 길이다. 그러니 다른 것에 마음 빼앗기지 말고 오직 여호와만을 자신의 하나님으로 두어야 한다. 오직 하나님만 예배해야 한다. 하나님과의 이 관계가 제대로 되어 있지 않으면 다른 어떤 것도 의미가 없다. 창조주를 알지 못하고 사랑하지 못하며 사는 삶은 모든 것을 잃은 삶이요 죽음으로 가는 길이다.
이것은 배타적 사랑을 말하는 것이 아니라 절대적 사랑을 말하는 것이다. 하나님만을 섬기라는 것은 다른 진리에 대해 배타적인 마음을 가져야 한다는 것을 의미하는 것이 아니라 무엇이 절대 진리인가를 말하는 것이다. 우리의 마음속에서 일어나는 자신의 마음대로 하고 싶은 생각이나 상대적 진리가 아니라 절대적 진리에 대한 선포다. 그것이 우리의 기준이다. 그것은 기준점을 말해준다. 모든 말씀에서도 이 기준을 항상 명심해야 한다.

20:4 우상을 만들지 말고. 2계명은 우리에게 우리가 하나님을 만들어내지 말아야 할 것을 말한다. 얼마나 많은 사람들이 하나님을 만들어내는지 모른다. 저마다의 욕심과 환경과 생각으로 하나님을 만들어낸다. 우리는 하나님을 사랑하되 내 방식대로가 아니라 하나님의 방식대로 사랑해야 한다. 내 방식대로 섬긴다면 이름만 하나님이지 실제로는 우상을 만든 것이다.

20:6 사랑하고 내 계명을 지키는 사랑과 계명을 지키는 것은 많은 면에서 일치한다. 하나님을 사랑하려면 성경을 잘 알아야 한다. 말씀을 인용하면서도 문맥을 무시하고 자기 멋대로 사용하지 말고 오직 말씀의 내용대로 깨닫고 사용해야 한다.

20:8 안식일을...지키라. 2개의 긍정적 명령의 하나는 '안식일을 기억하라'이다. '안식일을 기억하는 것은 창조주시요 애굽에서 건지신 구원자를 기억하며 고백하는 방편이기 때문이다. 날을 기억하여 구별하여 지킴으로 하나님과의 관계를 굳건히 한다. 오늘날 우리는 주일을 기억하여 거룩하게 지킴으로 창조주시요 구원하신 분이며 제2창조로 천국을 이루어 가시는 주님을 사모하며 주일을 지킨다.

20:12 네 부모를 기억하라. 부모를 공경하는 것이 사람과의 관계에서 가장 중요한 법이 되는 이유는 부모로부터 신앙을 전수받기 때문이다. 그러할 때 하나님께서 주신 땅(가나안)에서 그들이 오래 나라를 유지할 수 있을 것이다. 자식들이 신앙을 갖는 것이 매우 어렵다. 오늘날 부모 공경이 약화되면서 가장 큰 위험이 신앙의 전수가 되지 않는다는 것이다. 부모는 자식에게 전수할 신앙을 가져야 한다. 자식은 부모를 공경하며 신앙을 배워야 한다. 신앙은 자신 안의 죄와 이기주의를 깨트리는 것이기 때문에 참으로 어렵다. 어렸을적부터 공경하는 부모로부터 많은 수고와 함께 배워야 한다.

20:16 거짓 증거하지 말라. 9계명의 '거짓 증언'은 이 단어가 법정에서의 거짓 증언이지만 이것은 또한 실생활에서의 거짓으로까지 의미적으로 충분히 확대할 수 있다. 거짓 증언, 거짓 생각(과장), 거짓 판단을 유발하는 말(험담), 거짓 판단을 일으키는 말(비난) 등의 모든 형태의 거짓들이다. 그러한 거짓이 우리와 이웃을 파괴한다는 것을 명심해야 한다.

20:17 네 이웃의 집을 탐내지 말라. 이 말씀은 내면적인 마음에 대한 계명이다. 좋은 것에 대한 탐심은 유익하다. 그러나 이 계명에서는 이기주의적이고 악한 것에 대한 탐심을 의미한다. 자신이 것이 아니라 '이웃의 집과 아내와 소유'다. 그러한 것에 대한 탐심은 아름다워야 하는 관계를 깨트린다. 이웃의 재산은 그 자리에 있을 때 나에게 유익이 되기도 하고 아름답다. 그 자리가 아니라 내 마음에 탐심으로 자리 잡으면 아름다운 관계는 추악한 관계로 변질된다. 우리의 마음을 잘 잡아야 세상 모든 것이 아름답다. 즐길 수 있다. 자신의 마음을 잘 잡지 못하면 세상은 지옥이 될 것이다. 죄로 가득하게 될 것이다. 그러나 마음을 잘 잡으면 나의 것이 아니어도 모든 것이 나의 창조주 하나님께서 주신 아름다운 것이 된다. 나를 위해 주신 하나님의 선물이다.

십계명으로 율법을 총체적으로 말씀하셨고 이제 그것에 대해 상세히 말씀하신다. 십계명의 순서를 따라 설명하시듯이 말씀하시지는 않지만 상세히 말씀하시는 내용은 십계명의 정신이다.

20:19 모세에게...당신이 우리에게 말씀하소서...하나님이...말씀하시지 말게 하소서. 하나님께서 우레와 번개와 산의 연기 가운데 이스라엘 백성에게 그들이 들을 수 있는 음성으로 직접 말씀하셨다. 십계명의 내용이 결코 적지 않다. 그 내용을 하나님께서 친히 다 말씀하셨고 그것을 하나님의 음성으로 들은 백성들은 매우 두려워하였다. 쉬운 말로 '무서워 죽을 뻔'하였다. 그래서 그들은 하나님을 대신하여

모세가 그들에게 말하기를 원하였다.

20:20 경외하여. 그들을 시험하셔서 '하나님을 경외하는 것'을 알도록 하기 위함 이었다. 하나님의 높고 위대하심을 모르고 오늘날 사람들이 '보았으면 좋겠다'고 말하는 것처럼 그냥 쉽게 생각하지 않도록 그렇게 위엄으로 직접 말씀하신 것이다. '두려워하지 말라'고 말씀하시고 '경외하게 하려하심이니라'고 말씀하신다. 이것은 같은 단어다. 그러나 문맥상 내포하고 있는 의미는 다르다. 앞에 나온 '두려움'은 공포와 같은 두려움이라면 '경외'는 신뢰와 순종을 낳는 두려움이다. 하나님을 향한 경외의 마음을 갖도록 직접 말씀하신 것이다. 신앙인이 하나님을 향하여 가져야 하는 가장 중요한 것은 경외다.

20:22 내가 하늘로부터 너희에게 말하는 것을 너희가 스스로 보았으니. 그들은 하나님께서 말씀하실 때 어떤 형상을 본 것이 아니다. 하나님은 영이시며 우주를 창조하신 분으로서 이 땅의 어떤 형상으로 제한할 수 없는 분이다. 하나님께서 말씀하실 때 그들은 아무 형상도 보지 못하였다. 그러기에 하나님에 대한 어떤 형상을 만들면 안 된다 말씀하신다.

20:23 나를 비겨서 은으로나 금으로나 신상을 만들지 말고. 그들이 하나님을 예배한다고 아주 비싼 은이나 금으로 형상을 만들고 예배한다 하여도 좋은 것이 아니라 나쁜 것이다. 그것은 '너희를 위한 것'이라고 말씀하신다. 그들이 금으로 하나님의 형상을 만들면 대단한 헌신이요 열정이기 때문에 선한 것이 아니라 자신을 위하여 만드는 것으로서 악한 것이다. 하나님을 섬기는 것이 아니라 하나님을 만드는 아주 악한 행위다. 그들은 창조주 하나님을 섬기는 것이 아니라 자신들이 만든 하나님을 섬기는 것이다.

20:25 다듬은 돌로 쌓지 말라. 제단은 그들이 여정을 가면서

기념비적인 일이 있어 제단을 쌓을 때를 이야기한다. 그들이 나중에 성전을 지을 때는 다듬은 돌로 제단을 만든다. 그러나 그들이 이동할 때 제단은 다듬은 돌이 아니라 돌을 그냥 있는 그대로 쌓아서 만들라고 하신다. 왜 그럴까? 정확히 이유는 설명되지 않는다. 아마 그들이 더 좋은 제단을 찾아 가나안의 잘 만들어진 제단에서 하나님께 제사를 드리거나 제단을 쌓느라 헛된 노력을 기울이는 것을 원하지 않았기 때문일 것이다.

21 장

21장은 종에 대한 규정이다. 그런데 단순히 종에 대한 규정이 아니다. 이 글의 문맥을 잘 살펴보라. 하나님께서 이스라엘과 시내광야에서 언약을 맺고 계신다. 먼저, 십계명을 하나님께서 직접 육성으로 백성들이 듣게 말씀하셨다. 하나님께서 직접 말씀하시는 것을 이스라엘 백성이 두려워하였기 때문에 십계명 정신을 가르치시기 위해 모세를 통해 구체적인 규정을 더 가르치셨다. 첫 번째는 '새긴 우상과 다듬은 돌로 제단을 만들지 마라'는 말씀으로 하나님과의 관계에서 '그들이 만든 하나님을 예배'하지 말아야 하는 것을 말씀하셨다. 그리고 사람과의 관계를 말씀하신다. 가장 먼저 말씀하신 것이 '종에 대한 규정'이다.

사람과의 관계에 대한 것이라면 십계명의 순서대로 '부모 공경'도 있고 '살인 문제'도 있고 중요한 것이 많다. 종에 대한 문제는 가장 사소한 문제로 보인다. 힘없는 종에게 이렇게 대한 들 저렇게 대한 들 무슨 상관일까? 그러나 그것이 매우 중요하다는 것을 순서에서 볼 수 있다. 사람과의 관계에서 십계명 정신을 제대로 지키기 위해서는 종과의 관계를 잘 갖는 것이 매우 중요하였던 것이다. 종과의 관계가 사람들에게 중요하지 않은 것은 종은 힘이 없기 때문이다. 하나님께 이 법이 중요한 것은 역시 종이 힘이 없기 때문이다. 힘이 없다는 것은 힘을 가진 사람이 아무렇게 나 할 수 있다는 것을 의미한다. 그래서 하나님께서 하나님의 법으로 그들을 보호하기를 원하셨다. 힘이 없어 아무 저항도 할 수 없기 때문에 그들을 향해 행동하는 것이 진정한 하나님을 향한 믿음이 될 수 있다. 사람들 앞에 선다면 종을 어떻게 대하든 중요하지 않고 상관도 없다. 그러나 하나님 앞에 선다면 하나님께서 종을 어떻게 대해야 하는지 말씀하셨기 때문에 그 말씀에 따라 행동해야 한다. 아무 힘도 없는 사람을 오직 하나님 때문에 자신이 손해가 될 것 같은 규정을 지켜야 하는 것이다.

21:2 히브리 종을 사면...일곱째 해에는 몸값을 물지 않고 나가 자유인이 될 것이며. 종을 자유롭게 풀어주어야 하는 년수에 대한 규정이다. 당시 종이 되는 사람과 종을 사는 사람이 있었다. '종을 산다'는 것은 흔히 영화에서 보듯이 아프리카 같은 곳에서 사람을 잡아다가 파는 인신매매와 같은 경우를 말하는 것이 아니다. 구약 시대에 종이 되는 사람은 빚을 갚기 위해, 어려울 때 먹고 살기 위해서 등 여러 이유로 스스로 종이 되거나 또는 자녀를 종으로 팔면서 생겼다. 종이 된 사람은 사회 약자다. 오죽하면 자신이 종이 되겠다고 하고 자식을 종으로 팔까? 그러나 그런 경우 6년만 종으로 살고 7년째는 자유인으로 놓아주어야 한다는 규정이다.

21:4 결혼한 사람이 종이 되었으면 함께 나가지만 만약 주인이 아내를 주었으면 주인의 소유를 가지고 나가면 안 되기 때문에 홀로 나가야 한다고 말씀한다. 종에 대해 관대하지만 주인의 소유권에 대해서도 분명하게 인정하고 있음을 볼 수 있다.

21:7 여종. 남자 종은 노동력으로 인정을 받는 반면 여성 종은 더욱더 비참한 시대다. 그래서 여성 종에 대해서도 규정을 주셨다. 본문에서 여성 종의 경우는 첩(이류 부인)으로 팔린 경우를 말한다. 결혼하였기 때문에 7년째 자유하게 할 수는 없다. 결혼이라는 것은 그렇게 파기할 수 있는 것이 아니기 때문이다.

21:8 결혼 때문에 데려온 여성 종의 경우 많은 규정을 두었다. 종으로 산 여인과 결혼하지 않을 것이면 여인의 아버지에게 다시 값을 받고 돌려보내야 하며, 며느리로 받아들인 경우는 딸처럼 대해야 하며, 다른 여인이 마음에 들어 다른 아내를 두었어 도 여종에게 의식주와 부부로서의 의무를 제공해야 한다는 규정을 말씀하셨다.

오늘날 나에게 나의 종은 누구일까? 내가 어떤 행동을 해도 그냥 당해야만 되는 그런 사람이 있다. 그 사람을 함부로 대하고 있지는 않은가? 하나님 앞에서 그 사람을 존중하며 대하는 스스로의 규정을 두지 않고 자신 멋대로 대하고 있다면 그 사람은 믿음에서 거리가 먼 행동을 하고 있는 사람이다.
사람은 왕을 대할 때의 태도가 아니라 종을 대할 때의 태도에 의해 인격이 드러난다. 믿음이 드러난다.

폭력에 대해

21:12 사람을 쳐 죽인 자는 반드시 죽을 것이나. 살인은 매우 큰 죄다. 그러나 이때 고려사항이 있다. 살인자의 마음이다.

21:13 고의적으로 한 것이 아니라. 폭력에 의해 사람이 죽었으나 폭력을 행한 사람이 의도적이고 계획적으로 죽인 것이 아니라면 '한 곳을 정하여' 도망갈 수 있도록 하였다.
살인자가 의도적이든 의도가 없었든 결과는 살인으로 같지만 처벌은 그 사람의 마음이 어떠하였는지에 따라 행해야 한다는 말씀이다. 고의적인 살인이라면 그는 어떤 경우이든 죽음에 이르러야 한다. "사람이 그의 이웃을 고의로 죽였으면 너는 그를 내 제단에서라도 잡아내려 죽일지니라" (출 21:14) 심지어 '제단'에 있을지라도 그를 잡아 죽여야 한다. 그러나 의도성이 없다면 살인자도 보호되어야 한다.

21:20-21 사람이 매로...쳐서 ...죽으면. 주인이 격분하여 종을 때리는 경우도 있을 것이다. 그때 '당장에 죽으면' 비록 종을 죽인 것이라 하여도 주인이 반드시 살인에 해당하는 형벌을 받아야 한다. 그러나 '하루나 이틀을 연명하면' 즉 혹 며칠 후에 죽음에 이르면 주인이 살인에 해당하는 처벌을 받지 않아야 하는데 그 경우 살인의 의도가 없다고 보아야 하기 때문이다.

21:22 임신한 여인을 쳐서 낙태. '낙태'라 번역한 히브리 단어는 '나오다'라는 뜻이다. 이 경우 두 가지 경우의 수가 있다. 아기가 '유산'되는 경우와 '조산'되는 경우다. 유산이라면 그것은 살인이기 때문에 살인에 해당하는 벌이 있다. 그러기에 여기에서는 조산으로 보는 것이 더 좋을 것 같다.
조산의 경우라 할지라도 임신한 여인을 때리는 것은 매우 잘못된 행동이다. 임신한 여인의 남편의 감정을 매우 흥분시키기에 충분하다. 그래서 감정적으로 행동하기 쉽다. 그러나 그런 경우에 '산모나 아기'가 건강하여 다른 해가 없으면 '남편이 청구하고 재판장이 판결'을 하여 문제를 해결해야 한다. 감정에 의해 폭력이 정당화되거나 증폭되면 안 된다.

21:23-25 다른 해가 있을 때 산모나 아기에게 해가 있는 것이기 때문에 남편이나 가족은 감정적으로 매우 흥분될 수 있다. 그러나 감정을 가라앉히고 당한 것 이상으로 보복하지 않도록 '동해보복법'에 대해 말씀한다. 사람은 당한 것보다 더 크게 보복하려는 마음이 있기 때문에 그것을 자제시키는 것이다.

21:26 종의 눈을 쳐서 상하게 한 경우 주인의 눈을 상하게 하는 것이 아니다. 그러나 비록 종이라 할지라도 그에 대한 책임으로 그를 자유하게 놓아주어야 한다고 말씀한다. 주인의 감정적인 폭력에 대해 책임을 지는 것이다. 이 법은 종의 인권에 대한 보호와 주인의

감정적인 폭력을 자제시키는 법이다.

21:28 소가 남자나 여자를 받아서 죽이면 그 소는 반드시 돌로 쳐서 죽일 것이요. 사람이 사람을 죽인 경우 생명으로 그 책임을 져야 했는데 동물이 사람을 죽인 경우도 그 동물의 생명으로 책임을 져야 한다. 생명이 소중하기 때문에 생명에 대해 생명으로 책임을 지는 것이다.

21:29 소가 본래 받는 버릇이 있고 그 임자는 그로 말미암아 경고를 받았으되 단속하지 아니하여. 위험한 소에 대해 알았으면서도 방치한 경우 소에 의해 사람이 죽임을 당하는 경우 소의 생명을 빼앗을 뿐만 아니라 소 주인도 죽임을 낭해야 하는 죄가 된다. 사람을 죽인 소의 주인이 소를 다루는데 있어 부주의한 책임이 크기 때문이다.

21:33 구덩이. 사람이 구덩이를 파 놓은 곳에 동물이 빠져 죽으면 그 사람이 동물을 고의로 죽인 것은 아니다. 그러나 그의 부주의가 인정되기 때문에 동물의 주인에게 돈을 주어 배상해야 한다.

21:35 한 사람의 소가 다른 사람의 소를 '받아 죽이면' 어떤 소가 잘못하였는지 판가름하기 어렵습니다. 그래서 공평하게 살아 있는 소 값과 죽은 자의 소 값의 반절씩 나누라 말씀한다.

21:36 소가 본래 받는 버릇이 있는 줄을 알고도 그 임자가 단속하지 아니하였으면. 소의 공격성을 알고 있었다면 들이 받은 소 주인의 책임이 더 크기 때문에 산 자의 소는 죽은 소 주인의 것이 되고 죽은 소가 들이 받은 소 주인의 것이 된다고 말씀한다. 소 주인의 부주의로 인하여 다른 소 주인에게 해를 끼쳤기 때문에 그것에 대해 책임을 지는 것이다.

22 장

22장-23장은 십계명의 정신과 상세한 설명이다. 먼저 8계명인 '도둑질하지 말라'에 대한 상세한 규정(1절-15절)

22:1 다섯 마리로 갚고. 도둑질을 하다 잡히면 4-5배를 배상하는 법이다. 큰 것을 도둑질하면 더 많은 배수로 배상을 해야 한다. 죽이거나 팔아버림으로 본래의 자리로 되돌릴 수 없으면 더 큰 배수로 배상해야 했다.

22:3 도둑은 반드시 배상할 것이나. 모든 도둑질은 반드시 배상해야 한다. 그런데 어떤 사람은 배상할 것이 없을 수 있다. **그 몸을 팔아 그 도둑질한 것을 배상할 것이요**. 도둑질한 것은 어떤 방식으로 든 반드시 배상해야 한다. 도둑질은 남의 재산 소중한지 모르고 부당하게 자신의 것으로 만드는 것이다. 도둑질은 그것으로 인하여 이익을 얻는다고 생각하기 때문에 일어난다. 그러나 도둑질이 진정 이익일까? 도둑질이 완전범죄로 발각되지 않아서 이익을 얻었다 하여도 실제로는 손해다. 모든 이들을 심판하시는 하나님의 심판이 있기 때문이다. 도둑질이 이익이라고 생각하는 어리석은 사람들을 교육하기 위해 도둑질에 대해 반드시 배상하게 해야 한다.

22:4 손에 있으면...갑절을 배상. 만약 본래의 자리로 돌릴 수 있으면 2배로 배상해야 한다.

배상 정신과 회개는 어떤 관계일까? 배상 정신없는 회개는 가짜다. 회개한다는 것은 배상하고 다시는 그런 일을 하지 않는다는 것을 의미한다. 배상 없이 회개한다는 것은 값싼 회개다. 은혜 또한 그러하다. 배상 없는 값싼 은혜가 되지 말아야 한다. 배상하게 하는 것은 은혜에 배치되는 것처럼 보일 수 있다. 그러나 결코 그렇지 않다.

은혜를 주기 위해, 받기 위해서도 배상해야 한다. 도둑질로 이익만 얻고 배상하지 않고 은혜를 입어 용서를 받으면 도둑질을 부추기는 것이 된다. 도둑질은 반드시 배상하게 함으로 그 값이 얼마나 큰지를 분명히 알게 해야 한다.

22:6 자신의 밭에 불을 놓다가 그 불이 남의 밭에 옮겨 피해를 입히면 그것에 대해 배상해야 한다고 말씀한다. 남의 재산에 피해를 입히고도 배상하지 않으면 그것은 도둑질이다. 배상해야 도둑질이 되지 않는다.

22:10-11 이유이 물건이니 동물을 맡아 돌보아 주다가 손해를 입히게 되는 경우다. 그러한 경우 이웃이 요청한 것이고 손해를 입힌 사람이 선의로 돕다가 그렇게 된 것이기 때문에 손해를 배상하지 말라고 말씀한다.
선의로 돕다가 손해를 입힌 경우까지 배상하라 하면 선의로 돕는 것이 없어질 것이다. 이웃의 관계가 깨지는 것이 더 큰 문제가 된다. 오늘날 선의로 돕다가 배상하는 사건들이 생기는 것을 본다. 선의로 차를 태워 주다가 사고가 나서 배상을 하고, 사고 난 사람을 돕다가 배상을 하게 되는 경우도 있다. 선의로 돕는 것을 원천 차단하게 되는 그런 배상법에 대해서는 재고해 보아야 한다.

22:14 자신의 필요에 의해 '빌린' 경우는 동물이 상한 경우 배상을 해야 한다. 동물을 빌려준 사람이 선의로 빌려준 것인데 빌린 사람이 피해를 입힌 것이기 때문이다. 그러나 만약 동물의 주인이 함께 있을 때 그런 일이 일어났다면 다르다.

22:15 함께 있을 때 동물이 상하였다면 주인이 상황(상대방의 잘못이 아니라 동물이 약하여 쓰러졌다는 등)을 알기 때문에 배상하지 않아도 된다 말씀한다. 그것은 빌려준 사람의 선의로 끝날 수 있는 문제가 된다.

재산은 보호되어야 하지만 선의가 왜곡되어서는 안 된다. 선의는 어쩌면 재산보다 더 중요하다. 사람이 더불어 살 때 재산이 중요하지만 선의는 더욱더 중요하다. 그러기에 선의 없이 재산만을 가지고 따져서는 안 된다.

22:16 처녀를 꾀어 동침하였으면 납폐금을 주고 아내로 삼을 것이요. 납폐금은 남편이 아내 될 처녀를 데려가기 위해 신부측에 지급하는 돈이다. 동침은 결혼 관계에서만 이루어져야 하는 것이기 때문이다. 남녀 관계가 단순히 쾌락을 위해 존재한다면 그것은 서로의 인간성을 깨트리게 된다. 서로 좋아서 동침하면 오늘날은 전혀 문제없는 것으로 생각한다. 간통죄마저 폐지되어 결혼한 사람이 다른 이성과 동침하여도 죄가 되지 않는 세상이 되었다. 그러나 세상법에서는 죄가 되지 않아도 하나님의 법에서는 죄가 된다. 결혼 외의 것은 간음이 되기 때문에 남성이 여성을 꾀어 동침하였으면 결혼으로 이어져야 하고 여성의 아버지가 결혼을 반대하면 '납폐금'을 내야한다고 말씀한다.

22:18-20 영적 간음에 해당한다. 무당을 찾아가는 사람은 자신의 미래 번영을 위해서다. '짐승과 행음하는 자'는 육체적 쾌락을 위한 것이며 매우 왜곡되어진 육체적 쾌락이다. '다른 신에게 제사를 드리는 것'은 주로 번영을 위해 행하던 것이다. 모두 쾌락과 번영과 연결되어 있으며 그것은 영적 간음이다.

22:21-22 나그네, 과부, 고아는 사회적 약자다. 자신의 남는 힘으로 쾌락을 즐길 것이 아니라 약자를 돕는데 사용하면 매우 좋다. 자신의 번영을 위해 싸우는 삶이 아니라 오히려 신경을 조금만 쓰면 더 적은 노력으로 약자를 도울 수 있는 길이 많다.

22:23-24 그들이 내게 부르짖으면 내가 반드시 그 부르짖음을

들으리라...내가 칼로 너희를 죽이리니. 신앙인이 자신의 부를 위해 약자를 해롭게 하면 그들은 의지할 곳이 없으니 하나님께 부르짖을 것이다.

사람들의 저주가 아니라 축복을 듣는 사람이 되어야 한다. 자신의 번영을 우상으로 삼아 그것을 위해 힘없는 사람을 돕지 않고 억압하고 악용한다면 그것은 영적 간음이고 하나님께 매우 악한 것이다.

22:28 재판장을 모독하지 말며. 히브리어로 '하나님을 모독하지 말며'이고 다른 대부분 번역본도 '하나님을 모독하지 말며'라고 번역한다. 우리는 하나님을 모독하지 말아야 한다. 그것은 하나님의 이름을 사용하여 모독하는 경우만 아니라 '지도자를 서주'하는 것도 같은 맥락이 된다. 사회 지도자를 세운 분은 하나님이다. 지도자가 잘못하는 것을 지적할 수는 있다. 그러나 그가 잘 행하도록 축복해야 지 저주하면 안 된다. 그것은 하나님을 모독하는 것이다.

22:29 추수하였을 때 우리는 하나님께 드려야 한다. 드린다는 것은 하나님의 통치를 인정하는 것이다. 드리지 않는다는 것은 하나님의 통치와 섭리를 인정하지 않는 것이며 모독하는 것이다.

22:31 들에서 찢긴 동물의 고기를 먹지 말고. 고기 먹을 수 있는 기회가 흔하지 않은 사람들에게 짐승에게 찢긴 고기를 만나면 횡재다. 그러나 그것은 생명 존중 측면에서 피를 완전히 빼야 하는 법을 어기게 되는 경우가 많다. 그래서 그 횡재를 포기해야 한다. **내게 거룩한 사람이 될지니.** 하나님 앞에서 이 말씀을 기억하면서 살아야 한다. 세상 사람들이 보기에는 횡재 같으나 하나님의 백성으로 볼 때는 부정한 것이 많다. 우리는 그것을 구분해야 한다. 우리가 그렇게 하나님의 백성으로 거룩하게 살 때 그 이름을 거룩히 사용하는 것이 되며 만약 거룩을 놓치면 우리는 하나님의 이름을 망령되이 드러내게 된다. 모든 신앙인은 자신이 원하든 원하지 않든 이미 하나님의 이름을 가지고 사는 사람이다.

23 장

23:1 위증하는 증인이 되지 말며. 재판에서 거짓 증언을 하지 말라는 말씀이다. 이 계명은 그것 만을 의미하는 것은 아니다. 십계명은 말씀 전체를 요약한 것이기 때문에 포괄적으로 해석하는 것이 좋다.

9계명이 담고 있는 것을 오늘 본문에서는 '거짓된 풍설'도 말씀한다. 이것은 쉬운 말로 '거짓 뉴스'다. 요즘 시대 기독교인들이 거짓 뉴스를 많이 나르는 것을 본다. 정치를 모르는데 정치에 대해 관심이 넘쳐서 그렇다. 오늘 내가 거짓 뉴스를 나르고 있지 않은 지 생각해 보라. 그것은 9계명을 어기고 있는 죄다.

23:2 다수를 따라 악을 행하지 말며. 다수를 따르면 안전하다. 그래서 거짓인 줄을 알면서도 거절하지 못할 때가 많다. 그러나 우리는 안전이 아니라 진리를 따르는 사람들이다. 거짓은 사탄을 따르는 것이며 오직 진리를 따라갈 때 진리의 주인이신 하나님을 따르는 것이 된다.

23:3 가난한 자...두둔하지 말지니라. 가난한 자의 편이 되는 것은 정의로운 것으로 비칠 수 있다. 그래서 유혹이 된다. 그러나 진리를 떠나 가난한 자의 편을 드는 것은 거짓일 뿐이다. 늘 오직 진리를 따라가야 한다.

23:4 원수의 길 잃은 소를 그 사람에게로 돌릴지며. 이웃의 소가 길을 잃은 것을 보면 조금 수고스럽겠지만 소를 끌고 주인에게 건네 주는 것이 옳다. 대부분은 그렇게 행동할 것이다. 그런데 '원수'된 이웃의 소가 길을 잃은 것을 보면 그렇게 하고 싶지 않다. 그렇게 하고 싶지 않은 것은 우리의 마음이다. 신앙인은 진리에 비추어 보아야 한다. 비록 원수의 소라 할지라도 그 소를 잃은 사람이 얼마나 속이 상할까? 그 소를 끌고가서 주인에게 소를 찾아주는 것이 진리다. 그것은

누구나 아는 진리다. 그렇다면 자신의 감정을 극복하고 길 잃은 소를 주인에게 데려 다 주어야 한다. 그것이 진리이기 때문이다.

23:10-11 안식일 계명은 지켜야 하는 날과 절기의 핵심이다. 그것은 성경에서 정하는 모든 날과 절기를 지켜야 하는 것을 말한다. 땅에 대한 안식년으로 구체적으로 설명한다.

안식년에 땅을 기경하지 않고 묵혀둠으로 '가난한 자들' '들짐승'이 먹을 수 있도록 하라고 말씀한다. 땅을 묵힐 때 땅을 기경하던 땅 주인은 그 땅의 진정한 주인은 하나님이시라는 것을 다시 생각하게 된다. 고백하는 것이다. 땅의 주인은 하나님이시고 하나님이 일곱째 해에는 가난한 사람과 들짐승에게 그 땅의 소산물을 주시기 원하신다. 안식년에 그 땅은 놀리는 것이 아니라 가난한 자와 들짐승의 양식이 된다. 하나님은 그들의 창조주가 되시기에 그들을 위하여 그 해를 정하셨다. 땅의 청지기는 땅의 주인인 하나님께 순종해야 한다.

23:12 일곱째 날에 쉬라. 안식일을 기억하라는 말씀이다. 쉬지 못하는 것은 창조주 하나님을 신뢰하지 못하는 것이다. 쉼 때문에 돈을 조금 벌면 조금 버는 것이 하나님의 뜻이다. 그러니 쉬어야 한다. 우리의 창조주는 하나님이다. 우리에게 일용할 양식을 주시는 분도 하나님이다. 우리는 창조주 하나님을 기억해야 한다. 오늘날 우리는 주일에 쉼으로 창조주 하나님을, 예배함으로 구원자(제2창조)되신 하나님을 신뢰한다.

여종의 자식과 나그네가 숨을 돌리리라. '숨을 돌리다'는 것은 '편하게 숨쉬다' '회복하다'는 의미다. 죄로 인하여 세상은 정신없이 돌아가고 있다. 숨쉴 틈도 없이 돌아간다. 그러다 주일이 되어야 진짜 '편안히 숨'을 쉴 수 있게 된다. 그 쉼은 그를 회복시킨다. 약자에게는 더욱더 이러한 쉼이 필요하다.

23:14 매년 세 번 절기를 지킬지니라. 안식일을 지키는 것처럼 또한 절기를 지켜야 함을 말씀한다. 일 년의 시간표가 절기로 중간 중간

좌표가 찍힘으로 신앙인은 길을 잃지 않고 길을 더 잘 갈 수 있다.

23:15 그 달에 네가 애굽에서 나왔음이라. 이스라엘 백성은 무교절을 지켜야한다. 하나님의 구원을 기억하며 지켜야 한다. 무교절이 될 때마다 하나님의 구원을 기억하는 것은 행복한 일이다. 세상에서 살다 보면 때로는 구원의 감격을 잃을 때가 있다. 무교절이 되면 그가 있어야 할 자리를 다시 찾게 된다.

23:16 맥추절을 지키라. 맥추절은 오역이다. 직역하면 '수확절을 지켜라'이다. 곡물의 종류를 정한다면 이 때는 밀을 추수하는 시기이니 차라리 '밀추절'이 맞다. 앞에 있는 무교절이 보리를 추수하며 감사하는 절기이고 이곳의 추수는 밀을 추수하는 것이다. 밀을 추수하며 첫 이삭을 드리는 것은 이후에 유대인들이 포로귀환 이후 이 날을 언약 갱신의 날로 정한 것과 상관이 깊다. 그들은 이 날이 하나님께서 시내산에서 율법을 주신 날로 판단하였다. 그런데 그들이 언약을 지키지 않음으로 포로로 잡혀 갔음을 알았고 그래서 이제 이 날을 언약 갱신의 날로 지켰다.

이 날을 오순절이라고 말하기도 한다. '순'은 10을 의미한다. 무교절 첫 날 이후 50일째 되는 날이기 때문이다. 이 날이 초대교회에서는 매우 중요하다. 마가 다락방에 모였을 때 임한 성령 강림날이기 때문이다. 초대교회는 성령이 오심으로 언약 재갱신으로 보았다. 언약의 완성과 재갱신이 이루어진 날이다.

첫열매를 거둠이니라. 이것 때문에 수확절(맥추절)을 초실절이라 부르는 오해가 있다. 그러나 수확절은 초실절이 아니다. 초실절이라는 용어를 사용한다면 유월절이 맞다. 그때가 첫 열매다. 이 때는 첫 열매가 아니다. 여기에서 첫열매는 모든 곡식의 첫열매가 아니라 밀의 첫열매를 가지고 제사를 드린다는 의미다.

수장절을 지키라. 장막절이라고도 부른다. **연말에 밭에서부터 거두어 저장함이니라.** 모든 수확(곡식과 포도와 올리브)을 다 거둔 후

저장하게 됨을 감사하는 절기다. 이 절기는 오늘날 추수감사주일로 이어진다 볼 수 있다.

언약의 후반부는 하나님의 약속에 대한 말씀이다. 앞 부분이 이스라엘 백성이 지켜야 하는 언약의 규정이라면 뒷 부분은 언약에서 하나님이 지키시는 부분을 말씀한다.

23:20 언약의 규정을 잘 지킬 때 하나님께서 지키시는 것으로서 하나님께서 주시는 상과 복을 말씀한다. 사실 언약의 내용은 진리다. 이스라엘 백성이 그것을 지키는 것이 당연한 것이며 그러한 규정이 있음을 아는 것이 복이다. 그럼에도 불구하고 하나님께서는 그들이 그것을 지킬 때 복을 주신다 말씀한다. 완전히 은혜다.
사자를 네 앞서 보내어 너를 보호하여. 사자는 하나님의 메신저로서 천사나 때로는 하나님 자신을 의미할 때도 있다. 하나님께서 친히 그 백성을 보호하시는 것이다. 하나님께서 예비하신 곳으로 그들을 이르게 하실 것이다.

23:22 네가 그의 목소리를 잘 청종하고 내 모든 말대로 행하면. 하나님이 주시는 복은 하나님께 문제가 있어 주지 못하시지 않는다. 하나님은 늘 주시기를 원하신다. 전지전능하시기에 주실 수 있다. 문제는 언약의 당사자인 이스라엘 백성이다.
이스라엘 백성이 '청종'하고 '순종'해야 한다. 그들이 하나님의 말씀을 순종하지 않고 죄악의 길을 간다면 그들에게 복을 주지 않으신다. 죄를 행하는 이에게 복을 주시지 않는다. 하나님의 복을 받고자 한다면 하나님의 거룩하심을 따라가야 한다.

23:29-30 조금씩 쫓아내리라. 이스라엘이 가나안에 들어갈 때 한꺼번에 시원하게 쫓아내시는 것이 아니다. 그것을 보고 이스라엘 백성이 답답할 수 있다. 그러나 그것은 이스라엘 백성을 위한 것이다.

한꺼번에 쫓아내시면 그 자리에 들짐승이 번성하여 해를 끼칠 것이기 때문에 이스라엘이 번성하여 그 자리를 차지할 수 있을 때까지 천천히 쫓아내신다고 말씀한다. 하나님이 행하시는 것은 항상 선하신 뜻이 있다. 하나님은 늘 옳으시다. 그러기에 하나님이 행하시는 것에 대해 걱정할 필요가 없다. 불평하지 말아야 한다.

23:32-33 너는 그들과 그들의 신들과 언약하지 말라. 신앙인은 하나님과 언약한 사람이다. 결혼한 사람이 다른 사람을 바라보지 말고 언약한 사람의 말을 들어야 한다. 그것처럼 우리는 하나님과 언약하였음을 기억해야 한다. 세상과의 언약은 마치 우리를 자유하게 하는 것 같으나 실상은 우리의 '올무'가 될 것이다. 하나님과의 언약은 올무처럼 보일 수 있다. 그러나 그것이 우리를 자유하게 하는 것이다. 우리는 자유를 찾아 하나님과의 언약을 지켜야 한다.

24 장

24:2 모세만 여호와께 가까이 나아오고. 3단계의 거리두기가 나온다. 모세는 '여호와께 가까이 나아오고', 73명의 이스라엘 지도자들은 '나아오지 말며' 즉 산에는 올라오되 어느 지점에서 멈추고, 이스라엘 백성은 '너와 함께 올라오지 말지니라' 즉 시내광야에 머물러 시내산에 올라오지 말라는 말씀이다.
언약체결을 할 때 잘못 생각하면 부동산 매매계약처럼 동등한 두 대상으로 생각하기 쉽다. 그러나 언약은 그렇지 않다. 하나님께서 아주 큰 은혜로 이스라엘 백성들에게 베푸시는 것이다. 이스라엘 백성들은 하나님의 큰 은혜를 기억해야 한다. 감사함으로 언약을 맺는 것이다.

24:3 우리가 준행하리이다. 모세가 하나님께서 주신 말씀을 전하였고

백성들은 준행하기로 약속하였다. 이렇게 하여 언약이 구두로 체결되었다. 언약이 선포되었다. 신앙인은 '하나님과 언약을 맺은 사람'이라는 뜻이다. **말씀하신 모든 것을 우리가 다 준행하리이다.** 우리의 언약 체결 내용은 '성경 전체'다. 언약을 체결할 때 전체를 다 알고 하지는 못한다. 다 알기 전 이스라엘 백성들도 모세오경 전체가 아니라 십계명과 적은 분량의 상세 설명을 듣고 언약을 체결하였다. 그 이후 그들은 더 배우게 될 것이다. 일단 급하니 중요한 것을 듣고 체결하였다. 상세한 것은 앞으로 더 배워가며 그것에 순종할 것을 체결하는 것이다.

24:6-8 피를 가지고. 피의 반을 제단에 먼저 뿌리고 언약하는 말씀을 낭독하여 듣게 한 후에 그들이 '준행하리이다'라고 말하면 나머지 반절의 피를 '백성에게 뿌리며' 이는 '여호와께서 이 모든 말씀에 대하여 너희와 세우신 언약의 피니라'고 말하였다. 피를 가지고 언약식을 하였다. 그 피는 단순히 동물의 피를 의미하는 것이 아니라 자신들이 피 흘리며 지켜야 하는 것을 의미한다. 또한 그 피는 그들이 알지 못하지만 이후에 그리스도의 피를 상징한다. 언약은 그렇게 처절하고 엄숙하게 진행되었다. 그 언약은 무엇으로도 파괴해서는 안 된다.

우리는 성찬식을 하면서 계속 '피언약'을 한다. 주님의 피로 우리의 죄가 사함을 믿는다. 그러기에 우리는 주님의 피로 죄사함을 입고 다시 언약을 따라 살기 위해 즉 말씀을 따라 살기 위해 모든 힘을 쏟아야 한다. 그것이 세례식이며 언약식이다.

24:11 언약체결의 하이라이트는 언약식사잔치다. 하나님께 가까이할 수 없어 시내산에 더 올라가지 못하고 중간에 멈추어 있는 이들까지 포함하여 하나님께서 그들과 식사하셨다.

하나님이 이스라엘 자손들의 존귀한 자들에게 손을 대지 아니하셨고. 조금 이상하게 들릴 수 있다. 그러나 왕을 만났다가 왕이 손만 들면 목숨을 잃는 문화 속에 있던 사람들, 너무 영광스러워 하나님을 뵙기만 해도 죽는다고 생각하였던 그 당시 사람들에게는 그들이 하나님과 식사를 했는데 죽지 않고 살았다하는 것 만도 매우 대단한 일이었다.

그들은 하나님을 뵙고 먹고 마셨더라. 성경에 하나님을 뵈었다는 표현이 거의 없다. 그런데 그들은 뵙고 먹고 마셨다고 말한다. 참으로 대단한 사건이었다. 언약체결이기 때문에 이런 놀라운 일이 일어난 것이다. 하나님은 영이시기에 그들이 하나님의 형상을 뵈었다는 것은 아니다. 그러나 하나님의 영광의 실제적 임재 가운데 하나님과 함께 식사를 하듯 언약잔치에 참여한 것에 대한 놀라운 표현이다.

24:12 내가 율법을 친히 기록한 돌 판을 네게 주리라. 돌 판은 언약을 지키는 계약서요 보증금과 같은 성격을 갖는다. 돌 판은 두 개로 구성되어 있어 일반 계약처럼 계약 당사자인 하나님과 이스라엘 백성이 각각 갖는 것과 같다. 두 개의 돌 판은 이후에 만들어질 성막에서 핵심인 언약궤 안에 보관될 것이다. 돌에 말씀이 기록됨으로 이스라엘 백성들이 변함없이 기억해야 함을 분명하게 말한다. 성막 안의 지성소 언약궤 안에 보관함으로 말씀이 이스라엘 백성의 가장 중요한 곳에 놓이며 삶 중심에 놓여 있어야 함을 말한다. 언약은 그들의 생명이다.

친히 기록한 돌판을 네게 주리라. 하나님께서 친히 기록하신다는 것은 그만큼 중요하다는 것을 의미한다. 이스라엘 백성에게 중요하고 오늘날 우리에게 동일하게 중요하다. 하나님께서 친히 기록하신 돌판의 실물을 오늘날 우리는 가지고 있지 않지만 동일한 그 돌 판을 가슴에 가지고 있어야 한다. 우리에게 지금 친히 기록한 돌판을 주셨고 언약궤가 우리에게 있으며 그 안에 돌판이 보관되어 있는 것이나 마찬가지다. 언약궤 안에 있는 하나님께서 친히 기록한 언약의 돌판을 기억하면서 살라.

24:16 엿새 동안 산을 가리더니 일곱째 날에 여호와께서 구름 가운데서 모세를 부르시니라. '엿새 동안'의 실제적인 모습은 무엇일까? 모세가

오르다가 구름 앞에서 기다린 날짜라 할 수 있다. 아니면 짙은 구름을 헤치고 산에 올라간 기간이 엿새 일수도 있다.

엿새를 상징적으로는 하나님의 천지 창조와 연결하기도 한다. 어떤 학자는 하나님께서 성막 샘플을 만든 기간이라고 말한다. 엿새 동안 세상을 창조하신 것처럼 모세가 엿새 동안 구름을 헤치고 산에 올라갔고 일곱째 날에 하나님을 만나 안식하였다 말하기도 한다. 반대로 창조와는 다른 모습으로 육 일 동안 기다리고 칠 일째 구름을 헤치고 올라가 하나님을 만났다고 해석도 한다. 하나님을 만나는 것이 진정한 쉼이기 때문이다. 육 일 동안의 올라가는 기간 또는 기다림의 기간을 하나님을 만나는 정결례로 연결하여 말하기도 한다. 이것이 제일 가능성이 있어 보인다.
중요한 것은 그가 산 정상에 강한 불의 모습 가운데 임재하고 계신 하나님을 만나기까지 엿새라는 기간이 걸렸다는 사실이다. 그것은 꼭 필요한 시간이었으며 중요한 시간이었다. 하나님 앞에 서는 것은 참으로 거룩한 일이며 영광의 일이다

24:17-18 사십 일 사십 야를 산에 있으니라. 산 아래에서 볼 때 하나님의 영광은 산 위의 맹렬한 불 같이 보였다. 모세는 구름을 뚫고 들어가 산 위에서 하나님 앞에 섰다. 그리고 40일 동안 말씀을 받아서 기록하게 된다

25 장

출 25장-31장은 하나님과 이스라엘 백성이 맺은 언약의 구체적인 내용을 받기 위해 모세가 시내산에서 40일 동안 있으면서 하나님께 받은 말씀이다. 내용은 성막과 성막의 기구와 성막에서 섬기는 제사장의 의복 등에 대한 이야기다. 핵심은 성막이다.

25:2 내게 예물을 가져오라. 말씀으로 우주를 창조하신 하나님께서 예물을 가져오라 하신다. 돈에 민감한 오늘날 시각에서 이 말씀이 조금 의아하게 들릴 수 있다. 그러나 '예물을 가져오는 것'은 매우 중요하다. 하나님께서는 무엇이 부족하여 가져오라 하시는 것이 아니다. 말씀으로 우주를 창조하신 하나님께서 말씀으로 성막을 만드시는 것이 무엇이 어려우실까? 그런데 이번에는 이스라엘의 예물로 성막을 만드신다. 이것은 이스라엘 백성에게 주시는 기회다. 하나님께서 임재하시는 가장 중요한 곳을 만드는 일에 자신의 것을 드려 만들 수 있다는 것은 매우 큰 영광이다. 이러한 헌신이 필요하다. **기쁜 마음으로 내는 자가 내게 바치는 것을 받을지니라.** 예물 드리는 것을 복이라 생각하지 않는 사람들도 있을 것이다. 그래서 이 조건을 다셨다.   하나님의 임재를 위해 우리가 해야 하는 일들이 있다. 그러한 일들은 의무보다 권리적인 측면이 훨씬 더 강하다. 영광의 권리를 의무로 낮추지 말아야 한다.

25:8 내가...거할 성소. 성막은 하나님께서 이스라엘 가운데 '거하시는' 곳이다. 하나님의 특별한 임재가 있는 곳이다. 그래서 가장 중요하다. '성소'라 말한다. 이 단어는 모세가 타지 않는 떨기나무를 발견하고 가까이 갔을 때 하나님께서 말씀하신 '거룩한 땅'(출 3:5)과 같은 단어다. '거할'은 하나님께서 '하나님의 영광이 시내산에 머무르고'(출 24:16)에서 '머무르고'와 같은 단어다.
하나님의 임재를 위해 성막을 짓는 것에 대해 아주 자세하고 길게 설명한다. 하나님의 임재를 상징하는 아주 중요한 것이기 때문이다. 하나님의 특별한 임재는 에덴동산에서 떨기나무, 떨기나무에서 시내산, 시내산에서 성막, 성막에서 건물성전, 건물성전에서 교회로 이어진다. 교회에서 영원한 천국으로 이어진다.

25:10 조각목으로 궤. 길이는 110cm, 너비와 높이는 66 cm이다. 보통 크게 생각하는데 생각보다 작은 상자다. 조각목 또는 싯딤나무라

번역하는 이 나무는 아카시아과 나무로 광야에 띄엄띄엄 있는 거의 유일한 나무다.

25:11-12 순금으로 그것을 싸되. 이 작은 나무 상자가 대체 무엇이라고 이렇게 할까? 언약궤를 만드는데 조건이 많아. 순금으로 도금하는 것도 모자라 '고리를 달며'라고 말한다. 고리를 달아 그것을 옮길 때 채를 낄 수 있게 만들라 하신다. 그 채도 금 도금을 해야 한다. 그 채를 고리에서 빼지 말아야 하는데 다시 옮길 때 언약궤를 손으로 만지지 않도록 하기 위함이다.

25:16 증거판을 궤 속에 둘지며. 언약궤가 중요한 것은 '증거판'의 집이기 때문이다. 하나님과 이스라엘 사이에 지켜야 하는 언약이 체결되었다. 언약체결의 증거로서 하나님께서 직접 두 개의 돌 판에 십계명을 기록하시고 주신 것을 넣어둘 궤다. 언약궤가 중요하다는 것은 무엇을 의미할까? 언약궤 안에 있는 증거판이 아니라 그 증거판이 증거하고 있는 언약이 중요하다는 의미다. 그것은 하나님과 이스라엘 백성을 이어주는 끈이다. 사랑의 끈이요 언약의 끈이다. 그것이 깨지면 관계가 깨진다. 그것을 꼭 지키겠다고 언약한 반지처럼 증거판을 언약궤 안에 넣어두는 것이다. 결혼 언약의 반지가 중요한 것이 아니라 결혼 약속이 중요한 것처럼 돌판이 중요한 것이 아니라 언약한 말씀이 중요하다.

25:17 속죄소. 언약궤의 뚜껑이니 크기가 같아야 한다. 길이 110cm 이고 너비 66cm다. 이 뚜껑은 '속죄소'라 이름이 붙여졌다. 왜 속죄소라 불렸을까? '속죄소'로 번역한 단어는 전통적으로는 루터의 영향으로 '자비의 자리'로 번역되었었다. 이 단어의 직역의 의미는 '덮다' '씻다' '바르다'의 의미이다. 언약은 어쩌면 하나님의 자비가 덮여야만 유지가 되고 가능할 것이다. 언약을 범한 이들을 하나님의 자비로 씻지 않으면 어찌 언약이 유지될 수 있을까? 사람들이 언약을 지키기 위해서는 성령의 은혜의 덧입음이 필요할 것이다.

25:22 거기서 내가 너와 만나고 '속죄 덮개'는 하나님의 '발등상'이라는 이름을 가지고 있기도 하다. 하나님께서 그곳에 특별히 임재하시기 때문이다. 발등상은 발을 올려 놓는 곳을 의미한다.

25:23 상. 조각목으로 만든 테이블을 금으로 도금하여야 한다. 길이는 88cm(1규빗은 44cm)이고 너비는 44cm로 언약궤보다는 조금 작았고 높이는 66cm로 언약궤와 같았다.

25:30 상 위에 진설병을 두어. '진설병'으로 번역한 단어는 '얼굴의 빵'으로서 '임재의 빵'이라 불리는 것을 올려 놓는 곳이다. 이곳에 매일 아침 12개의 빵을 올려 두었는데 아마 이스라엘의 열 두 지파의 감사의 제물을 상징하는 것으로 보인다. 하나님께서 이스라엘 백성 가운데 임하셔서 일용할 양식을 주심을 기억하고 그것에 대해 감사하는 마음으로 빵을 올려 놓는 테이블이다.

25:31 등잔대. 등잔대는 일곱개의 등잔을 가지고 있다. 흔히 신약성경에서 번역할 때 촛대로 말하기도 하는데 촛대는 잘못된 번역이고 등잔대로 번역해야 한다. 그것은 하나님으로부터 비쳐지는 완전한(칠은 완전을 상징한다) 빛을 상징할 것이다. 우리가 살아가는 일상은 그냥 살아가는 하루 같지만 실상은 하나님의 임재의 빛 가운데 살고 있다. 우리는 우리의 모든 삶에 하나님의 빛을 비추어 살아야 하며 하나님의 빛 아래 살아야 한다.

25:33 살구꽃 형상. 등잔대의 등잔을 받치는 홀더와 각 가지는 아몬드(살구) 꽃의 봉우리와 받침과 꽃의 모양으로 장식되었다. 아몬드 꽃은 당시 그 지역에서 가장 먼저 피는 꽃이다. 나는 봄에 피는 꽃이 참 좋다. 긴 겨울이 끝나고 봄을 알리는 꽃이기 때문이다. 어쩌면 아몬드 꽃은 자연의 변화에 하나님의 빛의 조명을 말하는 것 같다. 자연의 변화와 꽃이 피는 것들은 모두 하나님의 임재로 인하여

일어나는 일이다. 신앙인은 자신의 삶과 자연의 진행 속에서 하나님의 임재를 알고 고백할 수 있어야 한다.

25:39-40 이 산에서 네게 보인 양식대로 할지니라. 등잔대와 성소의 기구들을 만드는데 금 35kg이 들어갔다. 매우 많은 양이다. 그러나 그것이 중요한 것이 아니라 하나님께서 말씀하신 대로 만드는 것이 중요하였다.

임재의 빵을 놓는 테이블이나 등잔대는 당시 애굽에서 사용하던 것들과 많이 비슷하다. 그러나 하나님께서 그 모양을 정확히 말씀하심으로 말씀하신 것을 따라 정확히 만들어야 했다. 비슷하였으나 완전히 달랐다. 오늘날 우리가 이 땅을 살아가는 방식도 그러하다. 하나님의 임재를 알고 사는 것과 그렇지 않은 것이 어떤 면에서는 매우 비슷하다. 완전히 같아 보이기도 한다. 그러나 실제로는 다르다. 완전히 다르다. 그래서 정확히 해야 한다. 흐릿한 것이 아니라 정확히 말씀을 따라 하나님의 임재를 찾고 임재를 따라 살아가야 한다.

26 장

26:1 베 실. 성막을 두르는 첫번째 천에 대한 말씀이다. 하나님은 이스라엘 백성 가운데 거하시는 장소로 텐트를 선택하셨다. 지극히 작으며 일반적인 텐트다. 그러나 첫 천은 하늘을 상징한다. 아마실(베 실은 잘못된 번역임)로 세마포(아마실로 만든 천을 세마포라 함)를 만들어 성막을 덮었다. 아마실을 청색 자색 홍색으로 물들였다. 그것은 하늘을 상징하는 색이다. 하늘을 창조하신 하나님이 임재하시는 곳이기 때문에 하늘의 색을 사용한 것으로 보인다.

그룹을 정교하게 수 놓은 휘장. 케루빔(그룹)은 언약궤 뚜껑인 속죄 덮개에 양 끝에 만들어 놓은 것이다. 케루빔은 하나님 보좌 옆에 있는 천사로 하나님의 임재를 시각적으로 보여준다. 지성소와 성소에서는 세마포에 수 놓은 케루빔으로 인해 5방향에서 케루빔을 수 놓은 것을 볼 수 있다.

26:2 휘장의 길이는 '스물여덟 규빗(12.3m)'이다. 10규빗인 길이와 높이를 감싸는 것으로 3면을 감싸는 것이니 30규빗(13.2m)이어야 하는데 2규빗이 부족하다. 그것은 세마포를 땅에서 44cm씩 띄워야 하기 때문이다. 그래서 하늘을 온전히 상징하는 것으로 보인다.

하늘을 창조하시고 하늘에 계신 하나님께서 성막에 임하신다. 회중은 작은 성막에서 하나님의 임재를 만나지만 그들의 마음은 온 우주를 창조하시고 모든 것을 초월한 하늘에 계신 하나님을 생각해야 한다. 하나님의 임재 가운데 살고자 한다면 하늘에 계신 하나님을 바라보며 살아야 한다. 하늘을 바라보며 살고 있는가? 오늘 우리의 삶이 아무리 작고 보잘 것 없어도 하늘을 바라보라. 신앙인은 우주를 창조하신 하나님의 임재 가운데 사는 사람들이다. 그러니 자주 하늘을 바라보라.

26:7 염소털. 두번째 휘장은 염소털로 만들었다. 염소털은 세마포보다 두 규빗을 더 길게하여 땅에 닿게 만들고 성막 앞은 두 규빗은 입구 앞(동쪽)으로 빼고 뒤(서쪽)에서는 두 규빗을 늘어뜨렸다. 첫번째와 두번째의 것은 휘장이라 말한다. 그리고 세번째와 네 번째 두른 것은 휘장이라 하지 않고 덮개라 말한다.

26:14 붉은 물 들인 숫양의 가죽으로 막의 덮개를 만들고. 세번째 두른 숫양의 가죽과 네 번째 두른 해달의 가죽은 덮개라 부른다. 성막의 모양대로 두른 것이 아니라 천막을 치듯이 보호용으로 두른 것이기 때문이다. 재료에 색으로 물을 들인 것은 첫번째 두른 세마포와 세번째 두른 숫양의 가죽이다. 첫번째 두른 세마포의 색이 하늘을 상징하며 중요한 역할을 한 것처럼 세 번째 덮개를 붉은 색으로 한 것 또한 중요한 역할을 하지 않을까? 덮개에 대해서는 아주 짧게

묘사하고 있는데 오직 '붉은 물 들인'것에 대해서만 말한다. 붉은 물을 들였다는 것은 무엇을 의미할까? 은혜의 피를 상징하지 않을까라고 생각해 본다. 하나님의 임재는 동물의 피가 상징하고 있는 그리스도의 은혜의 피를 통해서 보호되고 접근할 수 있는 것을 말하고 있지 않을까?

26:15 널판. 성막을 위해 '조각목으로 널판'을 만들라 말씀하신다. '널판'을 어찌 해석해야 할지 두 가지 가능성이 있다. 1.널판 2.뼈대(프레임)다. 나는 뼈대가 맞다고 생각한다. 그래야 성막을 두른 첫번째 천에 수놓은 케루빔을 벽면 쪽에서도 볼 수 있기 때문이다.

26:19 받침. 받침대는 은 받침대를 만들어야 했다. 은 받침대는 각각 30kg이 되는 무거운 받침대다.

26:26-27 계수된 자가 이십 세 이상으로. 은 받침대는 이스라엘의 20세 이상의 모든 남성 성인이 낸 반 세겔의 은을 모아서 만들었다. 성인 남성이 낸 반 세겔은 속전세다. 하나님께서 그들을 구원하신 것을 기억하며 감사하며 내는 세금이요 헌금이다. 성막은 하나님의 백성들이 자신들에게 주어진 구원을 기억하고 은혜를 고백할 때 든든한 기초가 된다. 모든 이들의 그러한 은혜 고백이 모아져서 기초석이 된다. 그러한 은혜의 고백이 없으면 하나님의 임재도 무너질 것이다. 그러한 사실이 잘 드러나는 것이 바로 성막의 받침대다.

26:30 보인 양식대로. 이 구절은 자주 반복되어 나타난다. 성막을 제작할 때 더 좋은 재료나 더 넓은 장소라고 좋은 것이 아니다. 하나님께서 말씀하신 대로 짓는 것이 중요하다.
모세에게 '보여주시고' '말씀'하셨다. 그래서 더 정확히 지을 수 있었을 것이다. 그런데 오늘날 우리들은 성막에 대해 글로만 듣는다. 그래서 정확하게 어떻게 지어졌는지 모르는 경우들이 더러 있다. 그러나 걱정하지 않아도 된다. 우리는 성막을 지을 필요는 없기 때문이다.

그러나 할 수만 있다면 정확히 아는 것도 중요하다. 성막 제작에 대해 기록된 부분이 여전히 우리에게 성경이기 때문이다.

26:31 휘장. 가림막 휘장은 성막을 둘렀던 첫번째 휘장과 같은 재질이다. 아마실로 짠 세마포다. 색도 같은 색으로 청색 자색 홍색 실로 물들인 아마실로 짰다. 케루빔(그룹)도 수놓아 완전히 같은 모양이다. 지성소에서는 바닥을 제외한 오방향의 모든 곳이 케루빔이 수놓인 하늘의 모습을 볼 수 있다.

26:33 성소와 지성소를 구분하라. 지성소와 성소는 엄격하게 구분된다. 성소는 제사장이 매일 들어가는 곳이지만 지성소는 일 년에 한 번 들어갈 수 있다. 그런데 그 엄격한 구분을 휘장 하나로 구분하였다. 이 휘장은 이후에 예수님께서 십자가에서 죽으실 때 찢어진 휘장이기도 하다. 물론 성막의 휘장은 아니다. 그때는 건물성전 휘장이다. 더 두꺼웠다. 그때도 지성소와 성소는 휘장으로 구분하였다. 지성소와 성소는 휘장 하나로 가로막혀 있는데 어떤 면에서는 결코 범접할 수 없는 거리이고 또한 어떤 면에 있어서는 매우 가까운 거리이다. 주님의 속죄는 모든 사람들이 하나님께 아주 가까이할 수 있도록 휘장이 찢어진다. 죄 가운데 있는 이들은 결코 가까이할 수 없지만 그리스도의 보혈이라는 놀라운 속죄로 인해 모든 성도들이 가까이 갈 수 있는 잔치의 자리가 된다.

26:36 성막 문을 위하여 휘장. 성막 뜰에서 성소에 들어가는 휘장에 대한 말씀이다. 성막의 입구다. 이 휘장도 아마실로 만든 세마포로 만들었다. 지성소와 성소 사이의 휘장과 다른 것이 있다면 케루빔을 수놓는 것이 없다는 것이다. 이것은 성소 밖과 연결되기 때문일 것이다.
예수님께서 돌아가실 때 찢어진 휘장이 지성소와 성소 사이의 휘장인지 아니면 성소와 뜰 사이의 휘장인지에 대해서는 명시되지 않았다. 그래서 어떤 학자는 성소와 뜰 사이의 휘장 즉 성소 입구의 휘장이 찢어진 것이라고 주장하기도 한다. 이 휘장은 성소의 입구이기 때문에 밖에서는 잘 보이는 휘장이다. 그러나 이 휘장 역시 제사장만 들어갈 수 있다. 어쩌면 예수님이 돌아가실 때 안쪽 휘장과 바깥쪽 휘장 둘 다 찢어졌을 수도 있다.

27 장

27:1 제단. 번제단은 많은 백성들이 가까이하는 곳이다. 백성들은 그곳에서 제사를 드렸다. 번제단은 언약을 지키지 못한 것에 대해 속죄하고, 헌신을 다짐하며, 하나님께 감사하며 언약을 다시 회복하는 곳이다. 깨진 언약, 깨진 거룩이 회복되는 곳이다. 번제단은 희생제물을 태우는 곳인데 이것은 결국 그리스도의 십자가로 완성된다. 번제단에서의 모든 제사는 그리스도를 예표한다. 번제단에서의 희생제사는 아직 그리스도를 자세히 알지 못하였지만 그들이 그리스도의 십자가 앞에 서는 것이었다. 번제단 앞에서 제사드림으로 그들은 죄를 사함 받고, 하나님과 이웃과의 관계가 회복되며, 서원을 하기도 하였다. 그러면서 그 모든 것의 핵심은 언약회복이다. 그들이 하나님과 언약을 맺었는데 그들이 어길 때마다 그 언약이 깨질 위기에 처해진다. 하나님의 백성으로서의 계약 파괴 위험에 직면하는 것이다. 그런데 그들이 제사를 드림으로 그들의 죄를 회개하고 씻음 받음으로 다시 언약 백성으로 회복되는 것이다. 그리스도는 말씀을 파괴하기 위해 오신 것이 아니라 완성하기 위해 오셨다. 그리스도의 대속하심으로 우리는 더욱더 말씀의 백성이 되어야 한다.
번제단이 백성이 모이는 오른쪽 뜰에서 중심이 되었듯이 우리들의 삶에서도 속죄와 감사와 헌신이 우리의 일이 되게함으로 언약을 다시 회복하고 하나님께 더 가까이 가야 한다. 이스라엘 백성들이 늘 제사하였듯이 우리는 늘 예배하며 그리스도의 은혜로 하나님께 나가야 한다.

27:2 뿔. 번제단 네 모퉁이에는 뿔을 만들었다. 그 뿔은 속죄의 의미로 피를 바르는 곳이다. 우리는 늘 속죄를 생각해야 한다. 속죄를 통해 죄를 이기고 계속 죄와 싸워야 한다. **놋으로 싸고.** 구리나 청동(구리 +주석)로 번역하는 것이 낫다. 놋(구리+아연. 황동)은 아니다. 지성소와 성소 안의 것은 금으로 도금하였다. 그런데 성소 밖의 것은 구리로 도금하였다. 이것은 비싼 재료보다는 경외의 마음을 담은 의미다.

27:9 울타리. 울타리는 기둥을 세우고 세마포 휘장을 두르는 방식이었다. 이번에도 아마실로 만든 세마포라는 면에 있어서는 성막 안의 첫번째 두른 천과 동일한데 이번에는 색으로 물 들이지 않은 세마포다. 아마 약간의 누른 색이 깃든 흰색이었을 것이다.

27:16 뜰 문. 동쪽의 전체 길이 22m(50규빗)에서 문이 차지하는 비중이 8.8m(20규빗)로서 매우 넓다. 그만큼 성막이 거룩하지만 성막이 많은 사람들에게 열려 있다는 것을 의미한다. 거룩하다는 것이 막는 것이 되어서는 안 된다. 성막의 출입문이 아주 대단히 큰 것처럼 오늘날 교회도 출입문이 커야 한다. 문지방이 높은 교회가 아니라 누구든지 와 볼 수 있는 그런 교회가 되어야 한다. 입구는 청색 자색 홍색 색을 입힌 아마실로 만든 세마포로 커튼을 만들어 입구로 삼았다.

27:18 성막은 크게 건물은 지성소(6평)와 성소(12평)로 되어 있으나 그 주변 뜰 또한 성막에 포함된다 할 수 있다. 전체를 합하면 320평이다. **뜰의 길이.** 성막 전체 땅은 가로 44m(100규빗) 세로 22m(50규빗). 땅은 좌우로 크게 둘로 나눌 수 있다. 좌우 땅이 각각 22m정사각형 땅이 된다. 좌측(서쪽)의 땅에는 지성소와 성소가 세워진다. 좌측의 한 가운데는 지성소(4.4m x 4.4m)가 있고 정중앙에 언약궤가 있었을 것으로 추측된다. 우측(동쪽)의 땅 한 가운데는 번제단(2.2m x 2.2m)이 놓였을 것으로 추측된다.

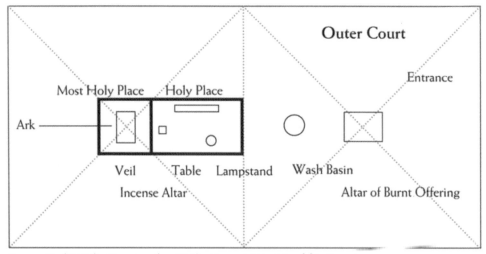

Enns, P. (2000). Exodus (p. 521). Grand Rapids, MI: Zondervan.

높이는 다섯 규빗. 울타리의 높이가 2.2m로 높은 편이다. 그것은 성막의 거룩성을 지키고자 하는 의도일 것이다. 그런데 4.4m의 성막을 가리지는 않았다. 뜰에서 일어나는 일은 어느 정도 가렸다. 그것은 뜰 안에서의 일이 그 일과 관련되지 않은 사람의 구경거리가 되지 않아야 했기 때문이다. 성막 뜰에서의 일은 거룩하다. 교회에서 하는 모든 일들이 거룩성이 훼손되지 않도록 해야 한다.

27:20 감람으로 짠 순수한 기름을 등불을 끊이지 않게 켜되. '감람'은 '올리브'를 잘못 번역한 것이다. 눌러 짠 최고급 올리브 기름을 가지고 등잔대를 켜야 했다. 지성소와 성소 사이에 놓인 등잔대는 휘장이 얇기 때문에 동쪽에서 볼 때는 밖으로 조금은 비쳤을 것이다. 다른 방향으로는 여러 겹의 가죽들로 겹쳤기 때문에 보이지 않았을 것이다. 이 빛은 매일 밤 그치지 않고 비추어야 했다. 사람들에게 잘 보이든 보이지 않든 하나님은 늘 그 백성을 비추고 계신다. 만물을 비추며 통치하고 계신다. 밖에서는 아주 희미하게 보이겠지만 캄캄한 저녁에는 아주 약간은 빛이 보일 것이다.

성막의 전체 구조와 재료에 대해 잠시 생각해 보자. 성막의 뜰은 제사

드리고자 하는 모든 사람이 들어갈 수 있는 곳이며, 성막은 제사장만 들어 갈 수 있었고, 지성소는 대제사장만 들어 갈 수 있었다. 재료는 지성소와 성소 등 성막 안의 기구는 재료는 달라도 모두 금을 입혔다. 그런데 성막 밖의 것은 모두 놋(황동, 구리)으로 입혔다. 거리에 따라 금과 구리로 다르게 입혔다. 그것은 하나님께서 좌정하시는 곳으로 말하는 지성소와 그곳에 들어가는 성소의 가치를 말하는 것이다.

오늘날에도 마찬가지다. 하나님께 가까이함이 복이다. 하나님께 가까이 가는 것만큼 가치가 있을 것이다. 오늘날에는 대제사장이라는 직분만 지성소에 들어가는 것이 아니라 모두가 그곳에 들어갈 수 있다. 그러나 제사장과 대제사장이 참으로 엄격하게 준비하였듯이 오늘날에도 그렇게 하나님을 만나기 위해 준비된 사람만이 지성소(하나님을 만남의 자리)까지 들어갈 수 있을 것이다.

28 장

28:1 나를 섬기는 제사장 직분을 행하도록. 하나님께서 아론과 그 아들들을 선택하셔서 데려오라 하셨다. '나를 섬기는 제사장'은 직역하면 '나에게 제사장으로 섬길'이다. 사실 제사장은 하나님만을 섬기기보다는 하나님과 사람 사이의 중재자다. 백성을 대표하여 하나님께 나가고 하나님을 대신하여 백성들에게 말하는 사람이다.

28:2 거룩한 옷. 아론은 대제사장으로서 '거룩한 옷'을 입어야 했다. 그에게 지어줄 거룩한 옷을 만들라 말씀하셨다. 거룩한 옷을 입음으로 '영화'와 '아름다움'으로 빛날 것이다.

28:5 청색 자색 홍색 실과 가늘게 꼰 베 실. 앞에서 나온 성막을 두른 첫번째 천의 실과 같은 것이다. 금도금 대신 금실을 사용하였고 나머지 부분은 천의 색이나 실이 아마실이라는 면 등 모두 다 똑같다.

그래서 어떤 이들은 제사장의 옷은 작은 성막이라 말한다. 제사장이 하나님께 가까이하기 때문에 그렇게 하나님이 임재하시는 성막과 같은 재질로 옷을 만든 것이다. 제사장은 하나님께 가까이하기 때문에 거룩하다. 그래서 거룩한 옷을 입어야 했다.

28:6 에봇. 에봇 역시 아마실로 엮은 세마포로 만들었다. 성막 전체에서 세마포 천이 통일되어 나타난다. 예수님의 시신을 장사지낼 때도 세마포 천으로 쌌다.

28:9 아들들의 이름. 에봇은 긴조끼 같은 형태의 옷이다. 에봇 어깨 부분에는 양쪽으로 하나씩 '호마노' 보석이 있다. 그 보석에 각각 6명의 이스라엘 아들들의 이름을 새겼다. 그것은 이스라엘 백성을 그의 어깨에 매고 하나님께 나가는 것을 상징하는 것 같다. 대제사장이 하나님께 나갈 때 이스라엘의 백성 모두를 어깨에 짊어지고 나가는 것이다.

오늘날 신앙인이 만인 제사장이라 할 때 최소한 그의 어깨에 누군가를 짊어지고 하나님께 나가는 것이다. 어깨에 누군가를 짊어지는 것은 그만큼 힘든 일이다. 그러나 그만큼 복된 일이다. 누군가를 대신하여 하나님께 기도할 수 있는 사람이 되어야 한다. 신앙인은 그렇게 누군가를 위해 살아야 할 책임이 있는 사람이다. 자신만을 위해 사는 사람은 만인 제사장이라 불릴 자격이 없다.

28:11 이름을 그 두 보석에 새겨. 이스라엘 지파의 이름을 호마노 보석 위에 새겼다. 그리고 금테로 둘렀다. 제사장이 대표하고 있고 섬기는 이스라엘 백성들은 허물 많고 연약한 사람들이지만 하나님께서 그들을 가슴에 새기고 계신다. 그러기에 대제사장은 최소한 자신의 어깨에 새기고 그들을 섬기며 그들을 돌보아야 한다.

군에서 어깨 위에 계급장을 단다. 빛나는 계급장이다. 어쩌면 신앙인이 누군가를 대신하여 섬길 때 섬기는 것만큼 복될 것이다. 그의 계급장이 될 것이다. 그러기에 누군가를 더 섬기는 것에 불평할 것이 아니라 그 사람이 있어 섬길 수 있는 것을 감사해야 한다.

28:15-16 판결 흉패. 가로 세로 22cm의 정사각형 위에 세로 3줄 가로 4줄로 보석을 달았다. 보석의 테두리는 금으로 돌렸다.

28:21 보석마다 열두 지파의 한 이름씩 도장을 새기는 법으로 새기고. 도장을 새기듯이 각 보석 위에 이름을 새기라 말씀한다. 12지파의 이름은 에봇에도 있다. 에봇의 어깨 부분은 각각 보석이 있어 그곳에 6명씩 이름을 기록하라 하셨다. 그런데 판결흉패 위에 또 이름을 기록하라 하신다. 에봇 위에 있는 이름은 매우 작게 기록되어 있을 것이다. 판결흉패 위에 있는 지파의 이름은 각 보석마다 하나씩 기록하기 때문에 조금 더 크고 잘 보일 것이다.

28:28 에봇 띠 위에 붙여. 판결흉패는 때로는 에봇과 동일시하기도 한다. 판결 흉패를 에봇 위에 고정하였기 때문이다.

28:29 여호와 앞에 영원한 기념을 삼기 위해. 대제사장이 가슴에 판결흉패를 붙이고 성소에 들어가야 하는 이유를 말한다. 이것을 직역하면 '하나님의 얼굴에 기억되기 위해'이다. 하나님께서 그 백성을 기억하시도록 그 이름을 기록한 보석을 가슴에 달고 하나님의 임재 앞에 서는 것이다. 이스라엘 모든 백성은 하나님 앞에 나가야 한다. 하나님께서 자신들의 이름을 기억하시도록.
하나님께서 우리의 이름을 기억하시도록 하나님의 임재의 자리인 예배에 나가야 한다. 나가지 않아도 기억하신다고 생각하지 마라. 잊어버리실 것이다. 그래서 대제사장의 가슴에 있는 보석에서 빛나는 이름처럼 우리가 예배(교회)로 모일 때 우리의 이름은 빛날 것이다. 만약 하나님의 임재의 자리에 오지 않는다면 그 이름을 기억하지 않으실 것이다. 대제사장 가슴에서 반짝반짝 빛나는 이름처럼 우리의 이름이 반짝반짝 빛나서 하나님께서 기억하시는 이름이 되어야 한다.

28:30 우림과 둠밈. 우림과 둠밈이 구체적으로 어떻게 생긴 것인지 어떻게 사용하는 것인지에 대해서는 알려진 것이 없다. 단지 우림이 '빛'이라는 뜻을 가지고 있고 둠밈이 '완전'이라는 뜻을 가지고 있기 때문에 여러가지로 추측을 한다. 어쩌면 헬라어의 알파와 오메가처럼 히브리어의 첫글짜인 알렙과 마지막 글자인 타브를 통해 모든 것의 처음이자 마지막이신 하나님을 의미하는 것일 수도 있다. 모양은 단 재단 근처에서 발견된 주사위 때문에 주사위처럼 생기지 않았나 추측을 한다.

판결 흉패. 우림과 둠밈으로 하나님의 뜻을 찾았다. 그래서 이름이 '판결 흉패'다. "사울이 여호와께 묻자오되 여호와께서 꿈으로도, 우림으로도, 선지자로도 그에게 대답하지 아니하시므로"(삼상 28:6) 이 구절을 통해 볼 때도 우림과 둠밈이 하나님의 뜻을 물을 때 사용되었다는 것을 볼 수 있다. 그것은 중요한 일이었다. 우림과 둠밈을 이용하여 하나님의 뜻을 물을 때는 어떤 것을 물었을까? 말씀으로 하나님의 뜻을 구별할 수 있는 것을 우림과 둠밈으로 묻지는 않았을 것이다. 사울이 블레셋 군대와 싸워야 할지 말아야 할지를 묻는 것처럼 때와 방법 등을 물을 때 사용하였을 것이다. 지성소에 있는 언약궤에 따라 늘 하나님의 말씀이 중심이 되어 살아야 하는데 구체적인 결정을 할 때는 여전히 혼동스러울 때가 있다.

하나님의 뜻을 말할 때 주권적인 뜻, 윤리적인 뜻, 개인적인 뜻으로 구분하여 말하기도 한다. 주권적인 뜻은 하나님의 주권적인 통치에 대한 부분을 말할 때 사용한다. 누군가에게 괴로운 일이 일어나면 누군가에게 괴로운 일이 일어나는 것이 하나님께서 기뻐하시는 것은 아니지만 합력하여 선을 이룰 수 있도록 하나님께서 허락하신 것이다. 그래서 '하나님의 뜻이다'라고 말한다. 사실 하나님의 통치다.

윤리적인 뜻은 하나님의 뜻을 말할 때 가장 일반적으로 말하는 것이다. 성경에서 말하는 것이 하나님의 뜻이다. 아담과 하와는 선악과를 먹지 말았어야 한다. 그것이 하나님의 뜻이다. 이것을 윤리적인 뜻이라 말한다. 신앙인은 주권적인 뜻에 대해서는 신뢰와 고백으로 윤리적인 뜻에 대해서는 의무적으로 찾고 행해야 한다.

개인적인 뜻이 있다. 결혼을 말할 때 신앙인과 해야 하지만 누구와 해야 하는지는 성경에서 말하지 않는다. 그렇다고 아무나 하고 결혼하는 것이 아니다. 자신을 향한 하나님의 뜻을 찾아야 한다. 아마 우림과 둠밈은 이스라엘 민족이 선택해야 하는 개인적인 뜻 즉 국가의 개인적인 뜻을 찾을 때 사용된 도구로 보인다.

이스라엘 민족이 우림과 둠밈으로 그들을 향한 하나님의 뜻을 찾으며 살아야 했다. 오늘날 신앙인들도 마찬가지다. 신앙인은 항상 하나님의 뜻을 찾아 살아야 한다. '하나님께서 기뻐하시는 것이 무엇일까?"라고 물으면서 살아야 한다. 자신을 향한 하나님의 뜻이 있다. 대제사장의 가슴에 판결흉패가 있어 하나님께서 판결하신다는 것을 기억해야 했듯이 이스라엘 백성은 늘 하나님의 선하신 뜻이 무엇인지를 찾으며 살아야 한다. 그렇게 하나님의 뜻을 찾으며 선택한 것과 그냥 선택한 것은 하늘과 땅만큼 큰 차이가 있다. 무엇인가를 선택한다면 개인적인 뜻에 있어서도 하나님께서 기뻐하시는 것이 무엇인지 물으면서 선택하라.

28:36-37 여호와께 성결. 이것은 '여호와를 위해 구별된' '여호와께 바쳐진' '여호와께 헌신된' '여호와의 것' 등의 의미를 가진다. 두건 위의 패는 순금으로 만들고 머리에 쓴 관 위에 붙였기 때문에 제사장의 복장 중에 작은 부분이면서 가장 눈에 띄었을 것이다. 제사장이 입어야 하는 옷의 화룡점정이다. 이것을 통해 본인과 그것을 보는 모든 사람이 끊임없이 그것을 상기하도록 돕는 역할을 한다.

28:38 패...죄책을 담당하게 하라. 이스라엘 백성들이 하나님께 나와 제사를 드렸다. 그들은 나름대로 최선을 다하여 말씀의 규정에 따라 드릴 것이다. 그러나 그런 와중에도 분명히 헛점이 있을 것이다. 하나님께 드리는 일이니 가장 순결해야 하는데 실제로는 가장 죄를 범하기 쉬운 일이 제사드리는 일일 것이다. 완전하신 하나님께 허물투성이인 사람이 드리는 것이니 얼마나 많이 부족하겠는가?

'여호와께 성결'이라는 문구는 바로 그러한 부분을 위해 고안된 복장이다. 그들이 최선을 다하여 제사를 드리지만 그들의 부족한 것 때문에 제물과 헌신에 부족한 면이 분명 있을텐데 그들의 마음은 '여호와께 성결'하게 드리기를 원하는 마음이라는 것을 고백하는 외적인 상징이다. 또한 그것은 예수님을 예표하며 이후에 예수님이 완벽하게 그 일을 하실 것이다.

29 장

29:1 제사장 직분을 위임하여. 직역하면 '하나님을 제사상으로서 섬기기 위해' '그들을 거룩하게 하기 위해' 다음의 과정이 필요하였다. 앞에서 나온 제사장의 의복을 착용하고 제사를 드리는 것이 필요하였다. 그들이 그냥 섬기는 것이 아니라 섬길 수 있도록 거룩하게 하는 과정이 필요함을 말씀하신다.

29:4 물로 씻기고. 아론과 그 아들들을 거룩하게 하기 위한 위임식의 과정으로 제일 먼저 하는 일은 '물로 씻기는 것'이다. 이것은 죄의 씻음을 상징한다. 하나님 앞에 나아갈 때 죄를 가지고 나갈 수 없다. 죄 씻음은 하나님께 나가는 모든 사람의 가장 첫 단계다. 첫 단계이면서 늘 해야 하는 것이다. 예배하기 위해 앉으면 해야 하는 가장 중요한 일 중에 하나다. 알게 모르게 지은 죄에 대해 용서를 구하며 순결한 모습으로 하나님께 나가야 한다.

29:5 의복. 대제사장이 입어야 하는 9가지 옷이 있다. 단지 의식이 아니다. 의미에 대해서는 앞에서 말했다. 그러한 것에 준비되고 하나하나에 마음이 담겨야 한다. 하나라도 미비한 것이 있으면 안 된다. 어떤 것은 매우 형식적인 것 같으나 그렇지 않다. 이것은 철저히 마음의 일이기도 하다.

29:7 관유. 기름 붓는 용 오일. 오일을 부음으로 그 직분에 세워졌다. 기름부음은 그 직분에 세워짐을 의미한다. 이때의 기름은 특별하게 말씀에 따라 제조되었다. 그렇게 준비된 기름을 부음으로 그 직분에 세워진다. 모든 기름부음은 일의 시작이다. 직분의 시작이다.

29:10 아론과 그의 아들들은 그 송아지 머리에 안수할지며. 제사 당사자들이 속죄제 송아지 위에 손을 얹었다. 이것은 죄의 전가와 송아지와 속죄물을 드리는 이의 일치감 등을 모두를 포함하고 있는 것 같다. 속죄제를 드리는 사람은 그 송아지의 죽음이 자신의 죽음을 반영하며 동시에 자신의 죽음 대신임을 기억해야 한다. 속죄제는 가장 중요한 제사다. 속죄 제물로 드려지는 것이 가장 비싼 송아지라는 사실에서 드러난다.

29:13-14 속죄제. 속죄제는 가장 중요한 부위인 기름과 속모습을 상징하는 콩팥 등 가장 중요한 부분만 제단 위에서 태우고 나머지는 죄로 가득하기에 자격이 없어 '진 밖에서 불살라야'한다. 그래서 예수님은 성문 밖 골고다에서 죽으셨다. 속죄제는 그렇게 처절한 제사다.

29:15 속죄제로 하나님께 제사를 드린 후에 번제를 드렸다. 양 위에 손을 얻는 것은 일치를 의미할 것이다. 이제 번제로 드려지는 양처럼 자신을 온전히 태우는 헌신을 하는 것이다.

29:18 번제. 번제는 제단 위에서 모두 불사를 수 있다. 속죄제는 가장 중요한 부분을 제외한 다른 부분은 제단에서 불사를 수 없었는데 이제 속죄제를 통해 죄에서 씻겼기에 자신의 헌신을 하나님을 위해 모두 드릴 수 있게 된 것이다. 우리를 불살라 드리는 헌신을 하나님께서 받으신다면 그것은 우리에게 영광이다. 우리의 자랑이 아니라 영광이다. 우리 같은 것의 헌신을 받으시는 하나님께 참으로 감사할

일이다. 우리가 그렇게 전적으로 다 드리는 헌신을 할 때 진정 하나님과 우리 사이는 관계가 회복된다. 죄를 사하는 속죄가 있어야 하듯이 전적으로 다 드리는 헌신이 있어야 다음 단계로 나갈 수 있다.

29:19-20 피...오른쪽 귓부리...오른손 엄지와 오른발 엄지에 바르고. 제사장 위임식에서 사용된 제물은 송아지와 숫양 두 마리다. 송아지는 속죄제로 드리고, 첫번째 숫양은 번제로 드리고, 두 번째 숫양은 화목제로 드렸다. 두 번째 숫양은 그것의 피를 가져다가 아론과 아들들의 오른쪽 귀와 엄지 손가락과 엄지 발가락에 발랐다. 이것이 상징하는 바는 화목제와 관련된 것으로 해석해야 한다. 귀에 바른 피는 하나님과의 관계 그리고 손가락과 발가락에 바른 것은 이웃과의 관계를 상징하는 것이 아닌가 생각해 볼 수 있다. 귀는 하나님의 말씀을 듣는 것이거나 아니면 과거에 노예는 순종의 의미로 귀에 구멍을 뚫었는데 바로 그렇게 하나님께 순종의 의미를 담고 있을 수 있다. 이것을 함께 생각해 보면 하나님의 말씀에 따라 사는 순종의 삶을 의미한다 할 수 있다.

손가락과 발가락에 바른 피는 손가락과 발가락은 섬길 때 수고하는 기관이다. 그래서 이것은 그의 손가락과 발가락이 거룩해져서 그의 이웃들을 섬기는 도구가 됨을 의미한다고 할 수 있다. 그래서 귀에 피를 바른대로 그의 귀가 하나님께 귀울이고 하나님께 순종하면 하나님과의 관계가 화목하고 행복한 관계가 될 것이며, 그의 손과 발이 이웃을 섬긴다면 이웃과의 관계가 샬롬의 관계가 될 것이다.

29:24 요제. 흔드는 방식을 우리는 흔히 옆으로 요람을 태우듯이 흔드는 것을 생각하는데 그것이 아니다. 제단을 향하여 앞뒤로 흔든다. 앞으로는 하나님께 드리는 것을 뒤로는 자신에게 내려지는 것을 상징한다. 제물은 그렇게 하나님과 제물을 드리는 사람 사이에서 흔들렸다. 두 사이를 오간다.

29:25 화목제. 화목제로 드리면서 일부를 태울 때 그것이 하나님께

향기로운 제물이 된다고 말씀한다. 일부를 드리는 것인 데도 향기로운 제물이 되는 것은 앞에서 속죄제와 번제가 전제되기 때문이다. 그렇게 죄를 속하고 자신의 모든 것을 드리는 헌신이 있기에 화목제에서는 일부만 드리라 하시고 그 일부도 기뻐 받으시는 것이다. 일부를 드리는 것이 전부를 드리는 전제가 전제되지 않는다면 결코 향기로운 제물이 될 수 없다.

29:31-32 회막문에서...먹을지라. 화목제는 제사드리는 사람이 그 고기를 먹으며 잔치함으로 마친다. 하나님과 화목하며 이웃과도 화평을 이루는 잔치다. 식사 잔치는 언약 체결 때나 위임식에서나 하나님의 공동체로서 매우 중요하다. 식사하며 하나가 되고 즐거워하는 것이 중요하다. 하나님의 백성이 되고 섬기는 제사장이 된다는 것은 참으로 행복한 일이다. 그것은 천국잔치의 전조이다. 잔치를 하면서 우리는 완성된 천국잔치를 미리 맛본다.

하나님께서 이스라엘 백성 가운데 특별히 거하시기를 원하셨다. 그래서 임재하실 장소로 회막을 건축하게 하셨다. 앞에서 하나님의 임재를 위해 성막과 기구 그리고 제사장과 제단의 거룩을 위해 필요한 것이 무엇인지를 보았다. 그러한 모든 것이 준비된 이후 이러한 거룩의 유지를 위해 항상 매일 있어야 할 것이 있으니 상번제다.

29:33-34 속죄물. 속죄물로 번역한 단어는 속죄제에 쓰인 것을 말하는 것이 아니라(히브리어 단어가 다름) 화목제에 쓰인 것을 말한다. 화목제에서 일부의 고기와 빵은 제사드린 사람이 함께 먹을 수 있었다. 그런데 그들은 그것이 거룩하다는 것을 명심해야 한다. 그래서 그 음식이 다음날까지 남을 때는 불에 살라야 했다.

29:38-39 매일...아침...저녁 때에 드릴지며. 매일 하나님께 번제를 드려야 했다. 상번제는 매일 두 번 드렸다. '아침'은 태양이 뜬

이후부터 정오 사이의 모든 시간이 해당하지만 여기에서는 아마 태양이 뜨고 바로 드리는 제사였을 것이다. '저녁'은 직역하면 '저녁들 사이에'다. 미쉬나에서는 '해가 열을 잃은 때부터 해가 지기까지의 기간'으로 오후 3시-5시 사이를 말한다. 그러나 그것보다는 아마 태양이 지평선을 넘어가면 여명이 있는 작은 어둠이 시작되는데 바로 그때부터 별이 보이게 되는 큰 저녁 사이를 말하는 것으로 보인다. 곧 해가 지고 여명이 있는 기간을 의미하는 것으로 보인다. 그래서 해가 뜨고 바로 제사를 드리고 해가 지고 바로 제사를 드리는 것이다.

29:42 내가 거기에서 너희와 만나고 네게 말하리라. 상번제는 거룩하게 된 회막과 회막의 기구와 제사장이 거룩을 유지하는 방법이기도 하다. 거룩하여졌다고 끝나는 것이 아니라 상번제를 통해 날마다 아침 저녁으로 자기 자신을 온전히 드리는 번제를 통해 온전한 헌신을 상징적으로 보여준다.

회막도 기구도 제사장도 또한 이스라엘의 모든 백성도 하나님 앞에 온전히 헌신되어야 만 거룩하다. 날마다 두렵고 떨림이 있어야만 거룩함이 있다. 날마다의 헌신이다. 날마다 두 번의 헌신이다. 어떤 의미에서는 날마다 두 번 죽는 것이다. 온전히 태워 죽는 것이다. 우리의 욕심과 죄악이 교회(성막)를 더럽히고 우리의 사역을 더럽히고 사람들을 더럽힌다. 그러기에 날마다 두 번은 죽어야 한다. 상번제는 그렇게 자신과 동일시된 희생 제물을 다 태우는 것처럼 온전히 자신을 다 죽이는 과정이 있어야 함을 볼 수 있다. 하루에 두 번 죽어야 한다.

29:43 내 영광으로 말미암아 회막이 거룩하게 될지라. 우리가 명심하고 또 명심해도 부족한 것이 있다. 거룩은 우리의 준비가 아닌 하나님의 임재로 이루어진다는 것이다. 영광의 하나님, 거룩하신 하나님께서 임재하심으로 성막이 성막이 된다. 거룩하게 된다. 영광으로 가득하게 된다. 거룩을 위한 모든 준비를 해야 하고 상번제처럼 모든 헌신을 해야 한다. 그것이 없으면 하나님의 임재는 결코 있지 않으실 것이다.

그러나 그러한 모든 것을 하였다 하여 하나님께서 임재하시는 것은 아니다. 단지 하나님께서 은혜로 임재하시는 것이다. 하나님의 임재는 당연한 것이 아니라 은혜다. 항상 은혜다.

29:44 내가...거룩하게 하며. 하나님의 임재로 회막과 제단과 제사장들이 거룩하게 된다. 그래서 거룩이 온전히 이루어진다. 성막과 제사장의 거룩을 위해 행한 모든 규정들은 거룩이 아니라 거룩의 준비다. 거룩은 하나님께서 임하실 때 이루어진다.

29:46 내가 그들의 하나님 여호와로서 그들 중에 거하려고 애굽 땅에서 인도하여 낸 줄을 알리라. 하나님께서 이스라엘 백성을 출애굽시키신 이유를 말씀한다. 하나님께서 그 백성 가운데 임재하시기를 원하신다. 충만한 임재를 원하신다. 우리는 하나님의 임재를 위해 준비가 되어야 한다.

30 장

30:1 분향단. 성소에 3가지 기구가 있다. '임재의 빵 테이블'과 '등잔대'와 '분향단'이다. 두 기구는 앞(25장)에 나왔고 이제 분향단에 대한 말씀한다. 왜 2가지는 앞에서 말하고 분향단은 제사장의 위임식 이후에 말할까? 성소 안에 있는 것이니 같이 말하는 것이 좋을 것 같은데 말이다. 임재의 빵 테이블과 등잔대는 하나님께서 그 백성에게 주시는 것에 대한 말씀이다. 임재의 빵 테이블은 일반 세상 제사들이 담고 있는 것처럼 제사의 대상에게 드리는 것이 아니라 그것이 하나님의 임재에 의한 것이라고 고백하는 것이다. 사람들이 하나님께 드리는 것이 아니라 하나님께서 백성에게 주신 것을 상징하는 것이다. 등잔대도 그렇다. 하나님께서 빛을 비추어 주시는 것을 의미한다.

세상 모든 것에 하나님께서 빛을 비추어 주신다. 반면에 분향단은 백성이 하나님을 향하여 드리는 것을 상징한다. 방향이 반대다. 그래서 주요 기구 중에 제일 나중에 언급하고 있는 것으로 보인다. 그러나 언약궤 바로 앞에 위치하여 그것이 얼마나 중요한지를 말해주고 있다.

30:7-8 등잔대를 손질하는 아침과 등잔대를 다시 밝히는 저녁에 향을 피우도록 했다. 이것은 상번제를 드리는 시간과 일치한다.
분향단은 정확히 무엇을 상징하는지 나오지 않는다. 보통 분향단은 기도의 상징으로 많이 사용한다. 그런데 이때 분향단은 기도의 제목이나 분량으로 상징하기 보다는 자신의 삶을 온전히 드리는 기도로 상징되는 것이 맞다. 이것은 하나님께서 무엇을 해 주시는 것을 바라는 것이 아니라 오직 자기 자신을 온전히 드리는 것의 상징에 적합하기 때문이다. 성소 밖의 번제단이 자신을 죽이는 헌신을 상징한다면 성소 안의 분향단은 자신의 말씀에 따라 사는 향기나는 삶으로 드리는 것이다. 우리의 삶은 매일 하나님께 향기나는 삶이 되어야 한다. 온전히 향기나는 삶을 드려야 한다. 미래가 아니라 오늘 향기나는 삶을 살고 있어야 한다.

30:12 속전. 위치가 생뚱맞다. 11절에서 '여호와께서 모세에게 말씀하여'라는 문장을 통해 새로운 단락임을 말하고는 있지만 그래도 분향단이라는 성소의 기구와 뜰에서 사용하는 기구 사이에 '생명의 속전' 이야기가 들어가 있는 것은 어울리지 않게 보인다. 이 말씀이 어울리려면 앞의 분향단과 관련성이 있어야 한다. 구원받은 것을 기억하여 속전을 드리는 것처럼 구원받은 것을 기억하여 분향단의 향처럼 향기나는 삶을 사는 것이 중요함을 말하는 것 같다.
이스라엘 자손의 수효를 조사할 때' 생명의 속전을 내라 하신다. 장병의 숫자를 조사하는 것은 군사적 목적이나 세금 때문이다. 그러한 조사는 사람을 교만하게 하기 쉽다. 다윗도 매우 위험한 상황에 처하기도 했다. 그러한 조사를 할 때 '생명의 속전'을 드리고 그것을 드리는 정신을 가져야만 '그들 중에 질병이 없게'될 것이다. 생명의 속전은 그들이 출애굽할 때 장자의 죽음을 면한 것에 대한 이야기에서도 나온다. 그들은 홍해를 건너면서 또한 생명을 구원받았다. 그들은 하나님의 구원으로 살고 있음을 알아야 했다. 전쟁에 나갈 때도 하나님께 속전을 드림으로 자신들의 생명은 하나님의 것이라는 고백으로 속전을 드려야 한다.

30:15 더 내지 말고...덜 내지 말지며. 생명의 속전은 모든 백성이 똑같이 반 세겔을 내라 하신다. '더 내는 것'을 허락하지 않으시고 '덜 내는 것'도 허락하지 않으신다. 그것은 돈의 문제가 아니라 생명의 문제이기 때문이다. 모든 사람의 생명은 값이 같다. 생명의 값이 반 세겔이라는 것은 아니다. 생명의 값은 무한대다. 그런데 생명이 하나님의 것임을 고백하는 것으로서 모든 사람이 다 낼 수 있도록 반 세겔을 정하신 것이다.

생명은 값이 같다. 삶도 마찬가지다. 재능이 다르다 할지라도 말씀에 따라 사는 삶은 하나님께 향기롭고 동일하게 귀하다. 그러기에 자신의 삶을 함부로 더 높이 매기거나 낮추는 죄를 범하지 말아야 한다. 오직 하나님께 향기로운 삶이 되도록 해야 한다. 그 삶을 하나님께서 기억하신다.

30:18-19 물두멍. 물두멍은 성전기구 중에 마지막으로 나온다. '물두멍'이라는 것은 순수한 한글말로 '두멍'은 '물을 많이 담아 두고 쓰는 큰 가마나 독'을 말한다. 우리의 두멍은 보통 폭이 좁고 깊다. 그러나 회막에서 사용하던 것은 폭이 넓고 깊지 않았을 것이다. 여하튼 많은 물을 담아 놓은 큰 그릇이다. 쉽게 생각하면 조금 많이 큰 세숫대야 정도 생각하면 될 것 같다.

물두멍은 제사장이 성막의 성소에 들어가거나 제단에서 제사를 드리는 일을 할 때 등 공식적인 일을 하기 전 반드시 물두멍의 물을 떠서 자신의 손과 발을 씻어야만 했다. 제사장은 제사 업무를 보러 오기 전에 아마 분명히 목욕재계를 하였을 것이다. 그런데 왜 또 물두멍의 물을 가지고 씻어야 할까? 이것은 깨끗하게 하기 보다는 정결하게 하기 위함이다

30:20 물로 씻어 죽기를 면할 것이요. 씻지 않으면 죽음에 이르게 될 것이라 말씀한다. 물두멍에 있는 물이 깨끗한 물이거나 신비한 물이기 때문이 아니다. 하나님께서 명령하신 것이기 때문이다.

물두멍의 물로 씻으라는 말씀은 그 말씀을 지킴으로 하나님을 기억하고 말씀을 기억하여 순종하도록 하기 위함이다. 선악과를 먹지 말라 하신 것도 선악과가 특별해서가 아니라 하나님을 기억하고 하나님의 말씀에 순종하는 지 그렇지 않은 지 본 것과 같다. 신앙인은 하나님을 생각해야 한다. 하나님의 말씀을 생각하고 순종해야 한다.

제사장이 제사를 드리고 성막에 들어갈 때 옷부터 시작하여 준비해야 하는 것이 많다. 성막 안에도 수많은 상징적인 것들이 가득하다. 그런데도 불구하고 물두멍으로 또 거룩의 의식을 치르게 하시는 것은 하나님을 만나는 일이 얼마나 거룩한 일인지를 기억하도록 하기 위함이다. 하나님을 만나는 일은 참으로 거룩한 일이다. 영광스러운 일이다. 그러기에 더욱 기억하고 더욱 순종하여 거룩하게 하나님의 임재 안으로 들어가야 한다.

30:25 향기름. '향을 제조하는 법대로' 만들어야 한다. 그것은 하나님께서 말씀하신대로 만들어야 하며 그렇게 만들어진 기름은 '성별된 기름'이 되어 성막에서 사용되었다.

30:28-29 특별하게 만들어진 향유를 성막의 기구들에 발라서 그것을 거룩한 것으로 구별해야 한다. 성막의 기구만이 아니다. "너는 아론과 그의 아들들에게 기름을 발라 그들을 거룩하게 하고 그들이 내게 제사장 직분을 행하게 하고"(출 30:30) 성막에서 섬길 제사장에게도 기름을 부어 거룩하게 하여야 했다.

이 향유 제작에는 아주 비싼 재료들이 사용되었다. 그러나 재료가

비싸기 때문에 거룩하게 하는 것이 아니라 하나님께서 말씀하신 방식이기 때문에 거룩하게 하는 것이다. 앞에서 나온 물두멍에 사용된 물은 단순히 물이었지만 제사장이 성막에 들어갈 때 거룩하게 하는데 사용되었다. 그러기에 재료가 비싸서 거룩하게 하는 것이 아니다.

30:32-33 이 방법대로 이와 같은 것을 만들지 말라. 성별된 향유가 비싼 재료이기 때문에 사람들은 이것 자체가 특별한 효능이 있는 것으로 생각하여 이것을 만들고 사용하고자 하는 사람이 있을 것이다. 그것에 대해 엄히 금지하며 경고한다. 물두멍의 물은 제조하지 않을 것이면서 성별된 향유의 기름은 제조해 보려고 하는 것이 얼마나 불신앙적이고 어리석은 마음인지를 알아야 한다.

30:37-38 향은 거룩한 것이니. 성별된 향유와 같이 분향단에서 사용되는 성별된 향도 마찬가지다. 그 향은 특별한 성분 때문이 아니라 하나님께서 명령하신 것이기 때문에 거룩하다. 그래서 오직 성소 안에서 분향단에서만 살라야 했다.

31 장

31:2 브살렐을 지명하여 부르고. 하나님께서 브살렐이라는 사람을 콕 집어 모세에게 말씀하시면서 그를 성막 제작의 총 감독관으로 세우라 하셨다. 브살렐은 시내산 아래 있었고 자신이 지명된 것을 모르고 있을 것이다. 그러나 하나님은 이미 그를 보셨고 준비시키셨다.
우리는 우리가 모르는 중에도 하나님께서 준비시키시는 경우가 많다. 우리는 미래를 알지 못한다. 우리는 큰 그림을 모른다. 그러나 모든 것을 아시는 하나님께서 그 백성을 준비시키신다. 하나님의 영광의 일을 위해 준비시키신다.
브살렐이 성막의 천과 나무와 청동을 사용한 기구의 제작과 청동과 금

도금에 대해 어찌 그렇게 잘 알 수 있었을까? 그가 애굽에서 살 때 준비된 것이 분명하다. 그가 그런 일에 준비되었다는 것은 우여곡절이 많이 있었다는 것을 의미할 것이다. 자신의 민족인 이스라엘 사람들이 대부분 목축업을 하는데 자신은 그것을 배우고 사용하였다. 그 일이 많은 경우 애굽의 우상을 만드는 것과 관련된 일일 수도 있다. 그러면 얼마나 많이 마음이 아팠을까? 여하튼 그의 직업은 범상치 않았다. 그의 동료들과 달랐다. 그러나 그는 그 부분에서 최고의 기술을 가진 사람이 되었다. 준비되었다.

31:3 하나님의 영을 그에게 충만하게 하여...재주로. '성령의 충만'에 대해 성경 전체에서 가장 먼저 나오는 구절이다. 그의 기술에 대해 성령의 충만이라는 단어를 사용하고 있다. 그의 기술이 성령 충만하다는 것은 그가 갑자기 기술이 뛰어난 사람이 되었다는 말이 아니다. 성령의 충만은 초자연적인 현상이 아니라 이렇게 기술이나 말씀 이해 등 어떤 재능을 말할 때 사용한다.
성령 충만이 그의 기술적 재능만을 말하는 것은 아니다. 기술이 뛰어난 모든 사람을 성령 충만하다고는 말하지 않는다. 뛰어난 기술이 성령 충만이 되기 위해서는 그의 인식이 중요하다. 그가 사용하는 기술과 그가 하고 있는 일이 하나님의 일이며 하나님께서 주신 힘으로 하고 있다는 사실을 인식할 때 성령충만한 일이 된다. 그가 성령을 의지하며 순종하고자 할 때 성령충만이 된다.

31:5 그들이 성막을 만들 때 모든 과정은 전문 기술이 요구되는 과정이다. 그러한 것을 그들이 평소 배우고 익힌 기술을 잘 사용해야 한다. 그런데 기술만으로 되는 것이 아니다.

31:6 내가 지혜를 주어. 하나님께서 지혜를 주시는 방법은 무엇일까? 지혜를 하늘에서 음성으로 알려주실까? 아닐 것이다. 일반적인 방법일 것이다. 일하면서 떠오르는 지혜다. 그러기에 일하는 사람은 하나님께서 지혜를 주신다는 마음을 가지고 지혜를 구하며 하나님

앞에서의 마음으로 일을 해야 한다.

그들이 내가 네게 명령한 것을 다 만들게 할지니. 성막의 모형은 하나님께서 모세에게 보여주셨다. 말씀하여 주셨다. 성막 제작 기술자들은 그것을 보지 못하였다. 모세를 통해 들려지는 말에 따라 일해야 한다. 기술자들이 때로는 고집이 있다. 전문기술자가 비전문가인 모세의 말에 따라 제작한다는 것이 힘든 일이다. 그러나 그들은 그렇게 따라해야 한다. 그것이 하나님께서 주신 과정이기 때문이다.

31:11 내가 네게 명령한 대로 만들지니라. 말씀에 따라 만들어야 한다. 이것은 모세도 기술자들도 따라야 하는 것이다. 기술자들이 성막과 기구들을 만들 때 모세가 전하는 말을 따라 해야 한다. 그러나 그들이 더욱더 기억해야 하는 것은 그것을 모세와의 관계가 아니라 '성령충만' 가운데 행하는 것이다. 그들이 모세를 통해 들어도 그들이 관계해야 하는 분은 하나님이다. 하나님 앞에서 두렵고 떨림으로 일해야 한다. 그것이 성령충만이다.

31:13 안식일. 성막이라는 장소에서의 거룩함이 안식일이라는 시간의 구분을 통해 강조되고 있다. 안식일은 이스라엘 백성에게 더욱더 실제적이고 밀접하게 관련될 것이다. **나의 안식일.** 하나님께서 정하신 안식일이라는 의미일 것이다. 하나님께서 안식일을 정하셔서 이스라엘 백성에게 지키라 하셨다. 이스라엘 백성이 준수여부를 선택하는 것이 아니다. 하나님께서 정하신 날이다. **나는 너희를 거룩하게 하는 여호와인 줄 알게 함이라.** 안식일을 지킴으로 이스라엘 백성들이 '거룩하게' 될 것이다. 안식일이라는 날을 구분하여 지키면 그들은 사람들 가운데 다른 모습이다. 그 다름이 거룩이다. 다름을 두려워하지 마라. 우리는 세상에서 거룩해야 한다.

31:14 그 날을 더럽히는 자는 모두 죽일지며. 너무 심한 말씀이 아닐까 생각할 수 있다. 그러나 전염병을 생각해 보라. 전염성이 있으면 작은

바이러스임에도 위험하여 강하게 통제한다. 다른 사람들이 죽는 것을 막기 위해서다. 안식일을 지키지 않는 것은 더욱더 전염성이 강한 병이다. '안식일을 지킬지니'라고 말씀할 때 '지키다'는 '준수하다' '방어하다' '돌보다'이다. 전쟁할 때 적군에 대항하여 방어하듯이 방어해야 하는 측면이 있다. 안식일을 지키지 않으면 성을 빼앗긴 것보다 더 심각한 죽음을 낳을 것이다. '모두 죽일지니'는 사실 이미 죽은 것에 대한 선포이기도 하다. 안식일을 지키지 않을 때 그들의 영혼은 죽은 것이며 육신의 죽음은 사실 작은 부분이다. 육신의 죽음을 통해 영혼의 죽음을 알리는 것일 뿐이다.

일반 국가에서 사회 질서 유지를 위해 어떤 죄는 사형에 해당하는 것이 있는 것처럼 정교일치 국가에서는 종교적인 것 때문에 사형에 해당하는 것이 있다. 그것이 오늘날 사회에서는 이상하게 보일지 모르지만 사실은 정당한 법이다.

오늘날 우리는 정교일치의 국가에 사는 것도 아니고 성경의 법이 우리나라의 법도 아니다. 그러나 신앙인은 어떤 시대 어떤 나라에 속하였든 성경을 법보다 더 위에 둔다. 그렇다면 안식일을 어기면 사형에 해당한다는 국가 법은 없지만 우리 개인은 그것을 그만큼의 중요한 법으로 마음에 깊이 담아 두어야 한다.

31:16 영원한 언약. 안식일 규정은 신앙인에게 영원한 언약이다. 구약 시대 사람들이 지켰고 예수님이 오심으로 완성된 제사와 같은 의식법이 아니다. 오늘날 우리는 여전히 안식일을 지켜야 한다. 주일이고 방식이 다르지만 여전히 지켜야 한다.

31:17 영원한 표징. 안식일을 지키는 것이 '나와 이스라엘 자손 사이에 영원한 표징'이라고 말씀한다. 일시적인 것이 아니라 영원한 표식이다. 안식일을 지킬 때 하나님의 백성이라는 싸인이 된다. 안식일을 지키지 않으면 하나님의 백성이 아니라는 것을 보여주는 가장 분명한 싸인이다.

안식일은 하나님께서 천지를 창조하신 것을 인정하고 하나님을 따라 쉬는 날이다. 그런데 오늘날 우리는 주일을 지킨다. 왜 그럴까? 주일도 역시 하나님의 창조의 날이기 때문이다.

안식일이 하나님의 창조를 기억하며 순종하는 날인데 이제 우리는 주님이 부활하신 주일을 하나님의 제 2창조의 날이라 믿는다. 같은 창조다. 1창조 후 죄로 인하여 파괴된 세상을 대속과 빛으로 다시 회복하는 날의 시작이다. 그래서 주일을 제 2창조라 말한다.

주일이 제2창조이기에 안식일과 완벽하게 조화를 이룬다. 그래서 우리는 주일을 지키면서 안식일을 지키는 것이라 말한다. '안식일을 지키라'는 하나님의 말씀을 그대로 '주일을 지키라'는 말씀으로 순종한다.

안식일과 주일이 같은 창조이지만 그 모양이 다르다. 안식일은 제1창조를 따라 신앙인이 쉬어야 한다. 그런데 주일은 제2창조의 주인이신 예수님의 부활하심을 따라 우리도 열심히 일한다. 주님이 쉬신 것이 아니라 부활하심을 기억하고 무엇보다 부활하신 주님을 기억하며 찬양하는 예배를 드린다.

주님이 우리를 구원하시기 위해 부활하셨으니 우리도 구원을 기억하고 예배함으로 우리의 구원을 이루어 가고 이웃의 구원을 이루어 간다.

안식일은 시간의 거룩함이다. 주일도 시간의 거룩함을 따른다. 안식일에는 1창조를 기억하며 구별하여 쉬었으며 주일은 2창조를 기억하며 구별하여 예배하고 일한다. 물론 그러한 예배와 일은 영적 쉼이기에 쉼이라는 측면도 이어진다.

안식일과 주일은 철저히 창조와 구원을 따라가는 것이며 동참하는 것이다. 하나님의 사역을 따라가는 것이다. 하나님의 시간표를 따라가는 것이다. 안식일과 주일의 거룩은 다른 모든 시간의 거룩으로 이어지게 한다. 그래서 우리는 안식일을 기억하여 거룩히 지켜야 한다. 이 명령에 따라 주님의 부활 이후에는 주일을 기억하여 거룩히 지켜야 한다.

32 장

32:1 우리를 위하여 우리를 인도할 신을 만들라. 모세가 시내산에 올라가서 내려오지 않자 백성들은 당황하였다. 모세가 40일 넘도록 산에서 내려오지 않았기 때문에 그들은 광야에서 목자를 잃은 양처럼 되었다. 일종의 팬데믹에 빠졌다. 그래서 아론에게 요구하였다.

32:4 송아지 형상...너희의 신이로다. 금으로 '송아지 형상'을 만들어 '너희를 애굽 땅에서 인도하여 낸 너희의 신이로다'하였다. 아론은 무엇을 생각하며 금송아지를 만들었을까? 아론이 자연스럽게 만들고 백성들이 자연스럽게 받아들인 것을 통해 볼 때 그것은 일종의 '하나님 발등상'으로 만든 것으로 보인다. 후청동기 시대에는 사자나 소 등에 신이 타고 있는 상을 만들었고 철기 시대는 신 없이 동물만 나오는데 아마 신이 그것 위에 타고 있는 것을 전제하고 있을 것이다. 언약궤에서도 덮개를 케루빔 사이에 하나님이 좌정하시는 발등상으로 만들었다.

32:5-6 여호와의 절일이니...먹고 마시며 일어나서 뛰놀더라. 백성들은 하나님께 제사하고 기뻐하였다. 그들은 매우 행복하였다. 그들은 아마 은혜가 충만하였다고 생각하였을 것이다. 그렇게 이야기는 행복하게 마무리되는 것 같다. 최소한 그들의 수준에서는 팬데믹 상황에서 행복하게 이야기가 마무리되었다. 하나님의 이름으로 하나님께 예배하였다. 그들은 행복하였다. 그러나 그들은 틀렸다. 그들의 행위는 두고두고 죄의 대명사가 된다.

32:7 네 백성이 부패하였도다. '부패'는 노아 시대 때 사람들을 보시고 하신 말씀과 같은 단어다. 그들은 예배하였으나 하나님은 부패하였다고 말씀하신다.

32:8 자기를 위하여 송아지를 부어 만들고. 그들은 하나님을 위하여 예배한 것이 아니라 자신들을 위하여 예배하였다. 그들은 하나님께서 말씀하신 것이 아니라 자신들이 생각한 '송아지'를 만들었다. 하나님께서 기뻐하셔서 가 아니라 자신들의 만족을 위하여 송아지를 만들었다.

송아지를 만들기 위해 그들은 자신들의 금을 드렸다. 헌신하였다. 그러나 그것은 하나님이 중심이 된 것이 아니라 자신들이 중심이 된 것이다. 하나님께서 말씀하신 것이 아니다. 자신들의 만족을 위하여 자신들이 하는 일이다.

금송아지는 당시에 자신들이 믿는 신의 힘과 보호를 상징하는 이미지였다. 이스라엘 백성들은 그것에 익숙하였고 그래서 여호와 하나님을 그것에 대입하는 것을 전혀 거리낌 없이 하였다. 그러나 그것은 그들이 좋아하는 방식이지 하나님께서 말씀하신 것이 아니다. 사람들이 좋아한다고 하나님께서 그들과 함께하시는 것이 아니다.

기독교는 계시종교다. 사람들이 좋아하거나 사람들이 깨닫는다고 되는 것이 아니다. 계시하신 것에 따라 가야 옳은 것이다. 하나님께서 말씀하신 것에 정확하게 맞아야 하나님의 뜻이 된다. 사람들이 만족한다고 되는 것이 아니다. 사람들이 좋아하는 것을 따라하면서 하나님의 이름을 사용하고 하나님의 복 주심을 말하는 것은 정확히 금송아지를 만들고 있는 것이다.

32:9 목이 뻣뻣한 백성. 금송아지를 만든 것은 연약한 믿음이 아니라 믿음이 없는 것이다. 믿음이 없으면서 믿음이 있다고 생각하는 교만이 가득하다. 그들은 예배하고 있기 때문에 믿음이 있다고 생각한다. 그래서 하나님께서 들어가실 자리가 없다. 그것은 가장 안 좋은 모습이다. 그래도 예배하고 있으니 조금 더 나은 것처럼 생각할 수 있다. 그러나 그렇지 않다. 그것이 최악의 상태다.

32:15-16 그 판은 하나님이 만드신 것이요. 모세가 들고 있는 두 개의 돌판에는 하나님과 이스라엘 사이에 언약을 맺은 증거로서 십계명이

기록되어 있었다. 하나님께서 돌 판을 만들어 주신 것으로 보인다. **글자는 하나님이 쓰셔서 판에 새기신 것이더라.** 하나님께서 친히 그 돌 판 위에 십계명을 기록하여 주셨다.

32:19 판들을 산 아래로 던져 깨뜨리니라. 모세는 산에서 내려오면서 이상한 소리를 들었다. 가까이에 이르렀을 때 그것이 잘못된 예배를 드리는 소리임을 알았다. 모세는 크게 분노하였다. 돌 판을 던져 깨트렸다. 그래도 하나님께서 만드시고 써 주신 증거판을 깨는 것은 과한 것 아닐까? 아니다. 당시 계약을 할 때 토 판에 계약을 썼다. 만약 누군가 계약을 어기면 그 토 판을 깼다. 계약이 끝났다는 것을 알리고 모든 계약이 무효화되었다는 것을 알리는 행위다. 그것은 계약서를 찢는 것과 같다.

32:20 모세는 금송아지를 가져다 불사르고, 부수고, 물에 뿌렸다. 이것은 철저한 파괴를 의미한다. 금송아지가 그들에게 유익한 것 같았으나 실제로는 그들의 영혼을 죽이는 것이었다. 없는 것보다는 나은 것 같다 할 수 있으나 그렇지 않다. 오히려 그들을 교만하게 하여 하나님으로부터 더 멀어지게 한다. 그래서 철저히 파괴하였다.

32:21 당신이 그들을 큰 죄에 빠지게 하였느냐. 아론은 이스라엘 백성을 큰 죄에 빠지게 하였다. 모세가 없었을 때 아론의 행동은 재빠르고 현명하고 지혜롭게 보였을 것이다. 모세가 나타나지만 않았다면 모든 것은 그렇게 아주 훌륭하게 끝난 것으로 생각하였을 것이다. 그러나 모세가 와서 진리를 드러냈을 때 금송아지는 매우 부적절하고 불신앙적인 것으로 드러났다. 큰 죄에 해당하는 것이었다. 그런데 그 당시에는 몰랐다.

32:24 금을 불에 던졌더니 송아지가 나왔다. 아론은 금송아지를 만든 것이 잘못이라는 것을 알았다. 그래서 어이없는 변명을 말한다. 조금만 믿음의 눈으로 보면 잘못이라는 것을 바로 알 수 있는 문제다.

그러나 당시에는 그것이 좋아 보였다.

32:27 여호와께서 이렇게 말씀하시기를...각 사람이 자기의 이웃을 죽이라. 참으로 엄한 말씀이다. 그들의 죄는 가족이나 이웃이라는 관계보다 더 큰 문제였다. 몸에서 암덩어리를 떼어내는 것이 이상하지 않은 것처럼 그렇게 엄격하게 사형을 집행해야 했다.

32:28 삼천 명 가량이 죽임을 당하니라. 생각보다 많이 적은 숫자다. 죽은 이들은 아마 금송아지 사건에서 주동적인 인물이었거나 아니면 모세가 왔을 때 예배하고 있던 사람들 즉 현장에서 잡힌 사람들일 수 있다. 모든 죄는 그것에 대해 처벌이 있다. 죄의 심각성에 대해 알아야 한다.

32:30 내가 이제 여호와께로 올라가노니 혹 너희를 위하여 속죄가 될까 하노라. 삼천 명의 죽음은 금송아지 사건에 연루된 사람들의 일부요 여전히 금송아지 사건에 연루된 사람들이 있을 것이다. 모세는 그 죄에 대해 계속 인식하고 있었다. 모세는 금송아지 사건에 대해 여전히 슬퍼하고 있었다.

32:32 내 이름을 지워버려 주옵소서. 모세는 이스라엘 백성을 멸하시려면 자신도 죽임을 당하리라고 고백한다.

32:33 누구든지 내게 범죄하면. 죄의 처벌은 누구든 예외가 없다. 모세는 지금 범죄한 것이 아니다. 그러니 그는 죽임을 당하지 않을 것이다. 모세가 이스라엘을 위하는 그 마음만 하나님께서 들으신다.

32:34 보응할 날에는 그들의 죄를 보응하리라. 일종의 집행유예와 같다. 지금 어떤 사람은 죄가 상대적으로 작아서 또는 하나님의 은혜로 죽임을 당하지 않았다. 그러나 그 죄는 없어지는 것이 아니라 남아 있다. 작은 죄에 대해 집행유예를 해 두었다가 유예 기간 동안 다른

죄를 범하면 이전의 죄까지 책임을 묻는 것과 비슷하다.

32:35 백성을 치시니. 구체적으로 어떤 사건이 무엇인지 잘 모른다. 그러나 분명히 이후의 사건이다. 그때 오늘 본문의 죄인 금송아지를 만든 사건까지 함께 죄를 물으셨다고 말씀한다. 분명한 것은 죄에 대해 이후에도 하나님께서 책임을 물으신다는 것이다.

33 장

33:3 너희를 젖과 꿀이 흐르는 땅에 이르게 하려니와 나는 너희와 함께 올라가지 아니하리니. 천사를 보내 이스라엘 백성이 가나안 땅에 이르게는 하겠지만 하나님께서 함께하시지 않겠다고 말씀하셨다. 이스라엘 백성들의 죄 때문이다.
하나님께서 이스라엘 백성에게 그렇게 말씀하신 것은 그들이 죄에 대해 처벌을 받았지만 회개에는 아직 이르지 못하였다고 생각하시기 때문이다. 회개는 잘못했다고 생각하는 것이 아니라 그 길에서 확실히 돌아서는 것이다. 회개는 단면적이지 않고 조금 더 입체적이어야 한다. 하나님의 말씀에 이스라엘은 진정한 회개의 모습으로 대답하였다.

33:4 준엄한 말씀을 듣고 슬퍼하여. '준엄한 말씀'을 '슬픈 소식'이라 번역해도 좋다. 그들은 가나안에 가는 것보다 하나님께서 함께 가시는 것이 더 중요하다는 것을 알았다. 그래서 가나안에 간다는 기쁜 소식보다 하나님께서 함께하시지 않는다는 사실에 더 슬퍼하였다.
백성들의 이러한 자세를 보는 나는 조금 부럽다. 오늘날 한국 교회에 이것을 이야기한다면 슬퍼할까? 가나안에 들어가는 것 즉 물질적인 복을 받는 것만으로 충분히 만족하지 않을까? 여하튼 이스라엘 백성들은 하나님의 부재에 슬퍼하였다. **한 사람도 자기의 몸을 단장하지**

아니하니. 모든 백성들이 한 마음으로 그들의 몸을 치장하는 금은보석 같은 것을 걸치지 않고 슬퍼하며 회개하며 엎드린 자세로 하나님 앞에 섰다.

33:7 장막. 이것은 모세가 시내산에서 하나님께 들은 장막이 아니다. 이 장막은 시내산 장막 이전에 존재하던 간이 형식의 장막일 것이다. 시내산 장막이 세워지기 전에 아주 좁은 의미의 장막의 역할을 하던 것으로 보인다. 하나님을 찾는 사람들이 그곳에 모여 하나님을 만나는 역할을 하도록 한 것으로 보인다. 모세는 시내산에서 장막에 대해 들었고 아직 장막이 만들어지지 않은 시점에 시내산에서 본 장막과 같은 역할을 하는 것을 지금 임시로 세웠을 수도 있다.
모세는 그 장막을 '진과 멀리 떨어져' 세웠다. 그것은 하나님의 마음이 지금 이스라엘과 거리를 두고 있는 것을 상징하고 있는 것으로 보인다. 이것은 어쩌면 이스라엘 백성이 회개할 기회를 주는 것 같다. 조금 떨어져서 회개할 시간을 주는 것이다.

33:8 백성이 다 일어나 자기 장막 문에 서서. 난 이 구절을 읽을 때마다 조금 슬픈 모습이 연상된다. 모세가 회막에 들어가는 것을 지켜보고 있다. 모세가 시내산에 올라가 없었을 때 모세를 무시하던 그들이 모세에 대한 존중과 존경으로 그 걷는 길을 바라보고 있다. 모세만의 길이었기 때문에 자신들의 죄로 인해 자신들이 가까이 하지 못하는 아픔과 함께 슬퍼하지 않았을까 하는 생각이 든다.

33:9 회막 문에 여호와께서 모세와 말씀하시니. 모세가 회막에 들어갈 때 하나님께서 임재하셔서 모세와 대화하셨다.

33:10 다 일어나 각기 장막 문에 서서 예배. 이스라엘 백성들은 비록 먼 거리에서 예배하였다. 먼발치이지만 그것은 마음이다. 그들의 그런 모습을 하나님께서 보시고 그들에게 더 가까이 다가오실 때가 있을 것이다.

33:12 올라가라 하시면서 나와 함께 보낼 자를 내게 지시하지 아니하시나이다. 모세는 하나님께 '함께 보낼 자'가 누구를 의미하는지를 물었다. 아마 모세는 하나님께서 이전에 말씀하신 천사를 생각하면서 그러나 하나님께서 직접 함께 하시기를 완곡하게 암시하며 말하고 있는 것으로 보인다. 모세는 계속 이 말을 할 기회를 보아왔을 것이다. 금송아지 사건 이후 회막에 갈 때마다 하나님께 회개하며 기도하였고 이제 하나님의 마음이 바뀌셨기를 기대하면서 말하고 있는 것으로 보인다. 모세의 생각은 역시 정확히 맞았다.

33:14 내가 친히 가리라. 드디어 모세와 그 백성들이 이루었다. 금송아지 사건에서 회개하고 엎드려 계속 기도하였다. 슬퍼하며 예배하였다. 그러자 하나님께서 마음을 바꾸셨다. 그들의 회개가 회개에 합당한 열매가 있었고 회개가 받아들여진 것이다.
사실 하나님께서 바꾸신 것보다는 그들이 바뀐 것이다. 거룩하신 하나님께서 거룩을 포기하고 그들의 말을 들으신 것이 아니라 이스라엘 백성들의 거룩하지 못함 때문에 분노하셨고 그들이 회개하며 거룩하기를 간절히 원하고 원하는 것을 보셨기 때문에 이제 그들의 거룩에 하나님의 거룩으로 임재하고 동행하기로 결정하신 것이다.

33:18 주의 영광을 내게 보이소서. 하나님께서 이스라엘에 주신 임재의 약속을 지금 조금 더 확실하게 약속받기를 원하고 있는 것으로 보인다. 그래서 자신이 지금 하나님의 더욱 충만한 임재를 보기 원하였다.

33:19 하나님의 임재에 대한 모세의 간구에 하나님께서 하나님의 성품을 말씀하신다. 하나님께서 무슨 일을 행하실 때 간접적으로 드러나는 '선한 것' '여호와의 이름'(창조주, 통치자) '은혜 베푸심' '긍휼히 여김'등을 말씀하신다. 그러한 것은 이미 그들이 경험한 것이다. 그들은 이미 잘 생각만 할 줄 안다면 충분히 하나님의 임재를 알 수 있고 느낄 수 있다.

33:20 얼굴을 보지 못하리니. '하나님의 임재'를 의미한다. 여기에서는 '충만한 임재'를 의미한다고 할 수 있다. 하나님의 충만한 임재는 사람이 감당하지 못한다. 하나님의 영광과 거룩은 사람의 지극히 작은 죄도 크게 드러나게 할 것이다. 그래서 결코 그 앞에 설 수 없어 죽임을 당할 것이다.

33:22-23 이 구절은 하나님의 임재에 대해 독특하게 신인동형적 표현을 사용하고 있는 구절이다. 하나님의 충만한 임재를 감당하지 못할 것이기 때문에 하나님께서 지나가실 때에 모세를 '하나님의 손으로 덮으셨다가' 지나고 나신 후에 '하나님의 등을 볼 수 있을 것'에 대해 말씀하신다. 그것은 하나님의 임재의 부분을 보는 것을 말한다. 어쩌면 하나님께서 무엇을 행하실 때 사실은 하나님의 충만한 임재가 있으나 그것을 다 보지 못하고 행하시고 난 이후 하나님의 임재의 은혜와 긍휼 등을 생각하는 정도로 하나님의 임재를 아는 것을 말하는 것일 수도 있다.

34 장

34:1 너는 돌판 둘을 처음 것과 같이 다듬어 만들라. 하나님께서 모세에게 다시 함께 하시겠다고 말씀하신 이후 재계약을 위해 시내산에 올라가라 말씀하신다. 그런데 처음 시내산에 올라갈 때와 조금 다른 것이 있다. 이전에는 돌 판을 하나님께서 만들어 주셨다(출 31:18; 32:16). 그런데 이번에는 모세가 직접 만들어야 한다. 이것에 대해 어떤 학자는 하나님께서 이스라엘을 완전히 용서하지 않으셨기 때문이라고 말한다.

모든 죄는 죄를 범하고 나서 용서를 구하는 것보다 죄를 범하지 않는 것이 더 낫다. 훨씬 더 낫다. 모세가 다시 시내산으로 간다. 이것은 이전에 그가 처음 시내산에 갈 때와 다르다. 이것은 재계약이다. 이스라엘이 계약을 시작도 하기 전에 파기하였다. 그러나 그들이 진실하게 회개하였기에 하나님께서 은혜로 다시 계약을 할 수 있도록 하신 것이다. 그러나 처음과는 다르다.

34:6 여호와께서 그의 앞으로 지나시며. 이것은 33:18절에서의 모세의 간구와 하나님의 약속에 대한 실현이다. 하나님께서 모세에게 자신을 드러내 알려주셨다. 그 내용은 아주 잘 알려진 것이다. 그러나 이것이 모세와 이스라엘이 기억해야 하는 것이다.

34:7 인자. 하나님은 사랑(헤세드)이 크시고 관대하셔서 이스라엘 백성을 용서하신다. **천 대까지.** 영원을 의미한다. 영원토록 사랑을 베푸시는 분이다. **벌을 면제하지는 아니하고.** 이 문장은 본래 강조되어 있다. '결코 면제하지 않고'라는 의미다. 죄에 대해 그냥 지나가지 않으시고 꼭 물으신다는 말씀이다. 오늘날 예수 그리스도의 피로 모든 죄를 사함을 받는 사람들은 어떨까? 예수님을 믿는 사람들에게는 이 말씀이 적용되지 않을까? 아니다. 모든 사람들의 죄는 필연코 죄에 대한 책임이 있다. 그 책임이 크다. 그러기에 죄에 대해 작게 여기지 말아야 한다. **아버지의 악행을 자손 삼사 대까지 보응하리라.** 악이 계속 영향을 미치는 것을 말씀한다. 죄는 결코 그냥 없어지는 것이 아니다. 오늘날 주변을 보라. 악이 얼마나 많은 영향을 미치는지 모른다. 나의 거짓말하는 습관은 자녀에게 이어질 것이다. 교회의 잘못된 관행은 우리 후 시대의 교회까지 영향을 미칠 것이다. 죄에 대해 관대하지 말아야 한다.

34:9 이는 목이 뻣뻣한 백성이니이다. '이는 목이 뻣뻣한 백성이지만'으로 번역하는 것이 더 좋을 것 같다. 이스라엘이 죄가 많지만 죄를 용서하시기를 간구하고 있다. 이 구절을 어떤 학자는 모세가 의도적으로 하나님의 죄 처벌에 대해 무시하였다고 주장한다. 그러나 나는 이것은 하나님의 관대함에 대한 강조라고 생각한다.

모세는 지금 하나님의 죄 처벌에 대해 결코 간과하지 않았다. 금송아지 죄를 생각하면 시내산에 있는 모세는 쥐구멍을 찾고 싶을 것이다. 그러나 그가 다시 담대하게 이렇게 고백할 수 있는 이유가 무엇일까? 하나님의 사랑과 관대하심의 크심을 알기 때문이다. 하나님의 말씀에 따라 재계약을 하기 위해 시내산에 다시 오른 모세는 하나님의 관대함을 의지하여 간청하고 있는 것이다

34:10 보라 내가 언약을 세우나니. '보라'는 강조다. 하나님께서 이스라엘 백성과 언약을 맺으시는 것을 강조하여 말씀하신다. 하나님께서 이스라엘 백성과 다시 언약을 맺으신다. 정식으로 맺으시는 것이다. 언약을 맺어야 백성이다. 하나님의 백성이라는 것은 다른 말로 하면 '하나님과 언약을 맺은 사람'이라는 뜻이다. 하나님의 백성이라는 것은 혈통적인 것이 아니다. 재산이나 능력으로 되는 것도 아니다. 언약으로 되는 것이다. 남자 여자가 결혼할 때 사랑하였고 평생을 함께 해도 되겠다고 믿기에 결혼 언약을 통해 부부가 되는 것과 매우 흡사하다. 언약이 있다는 것을 기억하고 또 기억해야 한다. 결혼이후 부부가 서로 언약을 하였다는 사실을 잊어버린다면 부부가 아니다. 하나님과 그 백성 사이에 언약이 있다. 이것을 기억해야 신앙인이다.

내가 아직 온 땅 아무 국민에게도 행하지 아니한 이적을 너희 전체 백성 앞에 행할 것이라. 이스라엘 백성은 지금까지 하나님께서 행하신 놀라운 일을 보았다. 하나님께서 창조주이시고 그들을 얼마나 사랑하시는 지 보았다. 그리고 또한 앞으로 놀라운 일을 보게 될 것이라고 약속하신다.

사람들이 결혼할 때 그때까지의 만남을 통해 사랑을 확신하여 결혼을 한다. 결혼하면서 앞으로도 얼마나 더 사랑하는지 보여주겠다고 말한다. 그것과 같다. 하나님의 행하시는 놀라운 일을 기대하고 경험해야 한다. 하나님께서 그 백성에게 놀라운 일을 행하시는 데 그것을 모르고 있으면 안 된다. 이스라엘 백성에게 행하신 놀라운 일은 우리에게 행하신 것이나 마찬가지다. 이스라엘 백성에게 행하신

일을 잘 이해함으로 하나님의 놀라운 일을 알아야 한다. 또한 나의 삶속에서도 분명히 여전히 놀라운 일을 행하신다. 그것을 경험하며 알아야 한다.

34:11 내가 오늘 네게 명령하는 것을 삼가 지키라. 이스라엘 백성이 가야 하는 당면한 과제는 가나안에 들어가는 것이다. 그 일에 하나님께서 언약의 당사자로서 그들이 들어가게 하실 것이라 말씀하신다. 그리고 이스라엘은 언약을 힘을 다해 지켜야 한다. 부부가 서로의 약속을 지키지 않으면 신뢰 관계가 깨진다. 하나님을 알고 사랑을 믿어 언약을 맺었으면 이제 잘 지켜야 한다. 언약을 맺기까지 걸어온 길이 길고, 언약을 맺은 이후 걸어 간 길도 긴데 어느 순간 어떤 사람은 언약을 파기한다. 하루아침에 헌신짝 버리듯이 버린다. 헌신짝은 '낡은 신발 한 짝'을 의미한다. 신발은 신을수록 낡아지고 만약 하나가 없어져 한 짝만 남았으면 미련 없이 버린다. 명품 신발도 말이다. 우리를 창조하시고 인도하신 하나님의 사랑을 헌신짝처럼 버리지 말아야 한다.

34:12 네가 들어가는 땅의 주민과 언약을 세우지 말라. 가나안에 영향을 받지 않도록 하셨다. 여기에서 언약은 10절의 하나님과의 언약과 같은 단어다. 이스라엘의 신앙이 가나안 사람들에 의해 영향을 받는 언약을 세우지 말아야 한다. 이 당시에는 신앙이 가장 중요한 요소 중에 하나였기 때문에 언약은 많은 경우 신앙과 관련이 깊었다. 그들의 신앙을 무너지게 하는 올무가 되지 않도록 언약을 세우지 말라고 하신다. 금송아지는 당시 애굽과 가나안에서 자신들의 신을 섬기는 방식이기도 하였다. 금송아지를 만들고 자신들의 신이 그 위에 타고 계시다는 생각을 하였다. 아론과 이스라엘 백성이 그들을 본받아 똑같은 일을 행한 것이다. 금송아지를 만들고 하나님께서 그 위에 계시다고 생각한 것이다. 세상을 닮아가면 넘어진다.

34:14 질투의 하나님. 하나님의 이름은 질투이시다'라고 번역할 수

있다. 그만큼 하나님께 '질투'는 중요한 속성이다. 질투는 강한 사랑이다. 아주 강하고 충만한 사랑의 표현이기도 하다. 부부 사이에 질투가 없으면 안 된다. 부부는 그 관계가 어떤 사람의 개입도 배제할 수 있는 배타적 사랑의 특권을 가지고 있다. 배타성으로서 질투가 없다면 부부관계는 깨진다. 하나님의 사랑은 더욱더 그러하다. 하나님의 사랑은 영원한 생명과 관련된 것이다. 그 사랑 밖은 영원한 죽음인데 어찌 질투하지 않으시겠는가?

34:21 안식일을 기억하여. 그들은 일주일 중에 마지막 날인 안식일을 기억하여 지켜야 했다. 일주일 단위로 안식일을 지키며 시간의 주권이 하나님께 있음을 기억하였을 것이다. 안식일을 지키는 어려울 때도 있을 것이다. 밭 갈 때나 추수 때는 일손이 급한 때다. 그래서 안식일을 지킨다는 것이 어려운 시기다. 그러나 어려운 시기라 하여 그 날을 지키지 않으면 안 된다. 안식일과 절기를 지킴으로 이스라엘 백성들은 그들의 시간표가 하나님의 말씀에 맞추어 졌을 것이다. 시간은 하나님께서 주신 것이다. 그러기에 자신의 시간표대로 움직이는 것이 아니라 하나님의 시간표에 맞추어 움직이는 것이 필요하다. 시간의 주권을 하나님께 드려야 한다.

34:22 맥추. '맥추'는 오역이다. '밀수확'이 더 낫다. **초실절**. 이 구절 때문에 칠칠절을 초실절이라고도 부른다. 그러나 이것은 초실에 대한 오해가 부른 번역이다. 초실절이라 부르면 안 된다. 초실은 유월절에 거두는 보리다. 여기에서 초실은 밀의 첫 수확물을 가지고 지키라는 뜻이다.

34:23 매년 세 번씩. 이 구절이 강조된 문장이다. 유월절과 칠칠절(오순절)과 수장절(초막절)이다. 이 절기는 '순례의 절기'로 이 절기에는 모든 이스라엘 백성들이 예루살렘 성전에 모여야 했다. 이것은 하나님의 은혜를 기억하며 첫 열매인 보리 추수를 감사하며 해를 시작(유월절)하는 것이고, 밀 추수를 통해 곡식 추수를 마치며

감사하고(맥추절), 과일까지 모든 추수를 마치고 감사하며(수장절) 하나님께 나와 제사하는 축제다.

34:28 사십 일 사십 야. 모세가 시내산에서 보낸 40일은 그가 처음 시내산에 올라왔을 때와 같은 기간이다. 첫번째 올라갔을 때는 성막을 비롯한 많은 것을 보고 들어야 했기에 많은 시간이 필요하였다. 그런데 두 번째 시내산에 올라갔을 때는 왜 40일이라는 기간이 걸렸을까? **떡도 먹지 아니하였고 물도 마시지 아니하였으며.** 모세가 처음 시내산에 올라갔을 때는 40일간 단식하였다는 말이 없다. 두 번째 올라갔을 때만 단식을 한 것으로 보인다. 왜 그랬을까? "그리고 내가 전과 같이 사십 주 사십 야를 여호와 앞에 엎드려서 떡도 먹지 아니하고 물도 마시지 아니하였으니 이는 너희가 여호와의 목전에 악을 행하여 그를 격노하게 하여 크게 죄를 지었음이라" (신 9:18) 40일의 단식은 이스라엘 백성이 범한 금송아지 사건 때문에 모세가 아파하며 엎드리고 있었던 기간으로 보인다. 그래서 통회하는 마음으로 단식을 하고 있었던 것으로 보인다.

34:29 모세가 40일간의 힘들고 어려운 기간을 마치고 말씀을 들고 시내산에서 내려왔다. 마음은 행복할 수 있어도 몸은 매우 힘든 상태였을 것이다. 그런데 모세가 모르는 것이 있었는데 '자기가 여호와와 말하였음으로 말미암아 얼굴 피부에 광채가 나고 있다는 것'을 몰랐다.

34:30 광채가 남을 보고 그에게 가까이 하기를 두려워하더니. 이전에는 모세를 비난하던 사람들이 이제는 그에게 가까이하는 것조차 두려워하며 그를 하나님의 사람으로 인정하고 있다.
이 광채는 조금 지나면 없어질 것이다. 그러나 사실 그 광채는 여전히 존재한다. 하나님께서 존재하시고 하나님의 임재를 바라는 백성이 존재하기에 그 광채는 계속 존재한다. 모세에게서 빛나는 광채는 이후에 예수님께서 변화사에서 변모하신 사건과 맥을 같이 한다.

예수님은 변화산에서 내려오셨을 때 광채가 사라졌다. 예수님은 변화산에서 내려오셔서 골고다 언덕까지 가셨다. 사람들은 예수님의 모습에서 광채를 보지 못하였다. 그러나 예수님은 찬란한 광채를 드러내고 계셨다. 사람들이 인정하지 않는다 하여 광채가 없는 것이 아니었다. 변화산에서 그것을 본 제자들은 이후에 예수님의 모습에 광채가 없어도 광채를 기억해야 한다. 광채는 진리이기 때문이다.

34:33 수건으로 자기 얼굴을 가렸더라. 하나님의 광채가 너무 찬란하여 그들이 두려워하였다. 오늘날도 사람들은 하나님의 광채 보는 것을 두려워한다. 그래서 많이 가려져 있다. 그러나 광채는 가려져 있다고 빛나지 않는 것이 아니다. 신앙인은 하나님의 임재의 광채를 알아야 한다. 늘 그 광채를 영광하면서 살아야 한다.

35 장

35:2 일곱째 날은 너희를 위한 거룩한 날이니. 안식일을 지키라는 말씀이 시내산에서 처음 말씀을 주실 때는 마지막에 위치하였었다. 그리고 35장 성막 제작의 실제에서는 제일 앞에 말씀하셨다. 안식일 준수에 대한 말씀이 마지막에 위치한 것도 오늘 본문의 첫 부분에 있는 것도 안식일 준수가 매우 중요하다는 것을 의미한다.
이스라엘 백성들은 이제 가장 우선적으로 하나님의 임재의 장소인 성막제작을 위해 일할 것이다. 그런데 일을 시작하기 전 안식일 준수에 대해 말씀하신다. 성막이라는 매우 중요한 일을 하더라도 안식일 준수를 하지 않으면서 일을 한다면 그것은 차라리 일하지 않은 만 못하다. 6일 동안 열심히 수고하여 일하여도 만약 안식일에 쉬지 않는다면 6일 동안 일한 것이 쓸모없는 것이 된다. 그래서 일곱째 날 쉬는 것은 일하는 것보다 더 중요하다.

35:3 안식일에는 불도 피우지 말지니라. 유대인들은 그래서 안식일 전에 불을 다 피워 놓는다. 안식일에 불을 피우지 않기 위해서다. 사실 이 말씀은 안식일이 사람의 편의에 맞춰진 것이 아니라 하나님의 영광에 맞춰진 날이라는 것을 의미한다. 오늘날 사람들은 주일에 너무 사람들의 편의를 생각한다.

35:4 여호와께서 명령하신 일이 이러하니라. 여호와께서 명령하신 일이 부담이 되는 사람이 있을 것이다. 그러나 여호와의 일에 우리가 참여하는 것은 영광이다. 세상에서도 유명한 사람과 함께 일을 하거나 그 사람의 부탁을 따라 일을 한다면 그것 자체가 영광이다. 그렇다면 하나님께서 명령하신 일을 한다는 것은 더욱더 영광이 아닐까? 하나님은 우리의 도움 없이 모든 일을 하실 수 있는 분이다. 아니 우리가 하는 것보다 하나님께서 일하시는 것이 훨씬 더 쉬우시다. 그런데 우리를 불러 일을 하시게 한다는 것은 우리를 그 백성으로 삼으신다는 뜻이다. 그래서 하나님의 일을 한다는 것은 참으로 큰 영광이다.

35:5 여호와께 드릴 것을 택하되 마음에 원하는 자는 누구든지 그것을 가져다가 여호와께 드릴지니. 하나님의 성막 제작을 위해 소유를 드리고 싶은 사람에게 '드리라'고 말한다. 하나님께 무엇을 드린다는 것은 참으로 큰 기회다. 우리의 모든 것은 사실 하나님의 것이다. 그러기에 그냥 가지고 있으면 하나님의 것으로 끝이다. 그것을 잘못된 곳에 사용하면 도둑이 된다. 그런데 그것을 하나님께 드리면 우리가 하나님께 드린 것이 된다. 하나님께 드릴 수 있는 엄청난 기회다. 하나님께 드릴 수 있는 기회를 잘 포착해야 한다.

35:10 기술 있는 사람은 여호와께서 명령하신 것을 다 만들지니. 재능을 하나님의 명령에 따라 사용할 수 있다는 것은 참으로 큰 기회다. 재능도 하나님께서 주신 것인데 그것으로 하나님의 영광을 위해 사용한다는 것은 하나님의 것으로 인심 쓰는 참으로 남는 장사다.

35:20 회중이 모세 앞에서 물러갔더니. 모세는 성막을 위해 사람들이 헌물을 드려야 한다고 말하였다. 그리고 그 자리에서 헌물을 작정하라고 강요하지 않고 '물러가게' 하였다. 물러가서 자유롭게 헌물하도록 하기 위함이다.

35:21 마음이 감동된. 외적인 요인이 아니라 자신 안에 내적인 마음이 움직여야 한다. 다른 사람이 헌금하고, 내 체면 때문에 하는 것이 아니라 자신 안의 마음이 헌금을 해야 하는 당위성을 알고 하고 싶은 마음이 있어야 한다. **자원하는 모든 자.** 자신이 아니라 다른 사람에 의해 강요되고 결정되는 것이 아니라 오직 자기 자신이 결정해야 한다. 헌금은 쉬운 것이 아니다. 결단해야 하는 문제일 때가 많다. 그러할 때 자신이 결단해야 한다. 물론 자식에게 십일조를 내라고 부모가 권면할 수 있다. 부모는 자식을 바르게 가르쳐야 할 책임이 있기 때문이다. 그러나 결국 선택은 개인의 몫이다. 부모의 권면이 강요가 되지는 않도록 해야 한다.

35:22 금 예물을 드렸으며. 금은패물은 보통 최후의 보루다. 강요하는 마음에 의해 드린다면 어떻게 해서 든 숨기고자 하였을 것이다. 그러나 자원하여 드렸기 때문에 그들은 기꺼이 자신들이 가지고 있는 것을 가지고 나왔다.

35:25 성막을 만들기 위해 사용된 아마실은 매우 귀한 것으로서 광야에서 어떻게 그런 실을 마련할 수 있었을까? 어쩌면 기존 천에서 실을 뽑아서 다시 사용했을 가능성도 높다. 그들은 자원하는 마음으로 하였기 때문에 핑계를 찾지 않고 방법을 찾았다. 결국 놀랍게도 그런 진귀한 것들이 기막힌 방식으로 채워졌다.

35:27-28 값 비싼 보석들은 사람들이 거의 가지고 있을 확률이 적다. 그러니 가지고 있는 사람이 '없다' 하면 된다. 그러나 그들은 자원하는

마음으로 드렸기 때문에 광야에서 그런 진귀한 보석도 나왔다. 귀한 향품도 나왔다.

35:29 자원하는 남녀는 누구나. 남녀노소 상관없이 드렸다. 강요가 아니라 자원하는 것을 드렸다. 헌금에는 의무도 있다. 의무를 놓치는 것은 참으로 불행이다. 의무를 다하지 않는 사람은 결코 권리도 갖지 못하기 때문이다. 그러나 의무라 하여도 그것을 강요하여 가치 하락을 시키지 말아야 한다. 의무를 강요로 한다면 헌금의 가치를 모두 잃게 될 것이다. 그것을 자원하는 마음으로 해야 큰 영광이 된다.

35:30 여호와께서 브살렐을 지명하여 부르시고. 애굽에서부터 하나님께서 브살렐을 훈련시키셨고 준비시키셨다. 애굽에서 브살렐은 자신의 기술이 성막 제작을 위해 사용되리라 고는 꿈에도 생각하지 못했을 것이다. 그러나 하나님께서 그를 준비시키셨다. 성막 제작을 위해 필요한 여러 방면의 기술을 아주 충분히 준비되게 하셨다.

36 장

36:1 여호와께서 지혜와 총명을 부으사 성소에 쓸 모든 일을 할 줄 알게 하신 자들은 모두 여호와께서 명령하신 대로 할 것이니라. 성막 제작을 하는데 필요한 기술을 가진 사람들은 모두 하나님께서 이것을 위해 준비시킨 사람들이다. 성막 제작을 위해 자신들의 기술을 사용할 수 있게 된 것은 지극히 큰 영광이다.

36:3 아침마다 자원하는 예물을 연하여 가졌으므로. 성막 제작을 위한 헌물을 드리라는 말씀을 듣고 어떤 이들은 불가능하다 생각하였을 것이다. 어떤 이들은 자신이 가진 것을 드려야 하는지 고민하기도 하였을 것이다. 어떤 이들은 바로 가져왔고 어떤 사람은 하루 동안

고민하였을 것이고 또 어떤 이들은 고민 고민하다 가져오기도 하였을 것이다. 그래서 가져온 날짜가 서로 달랐다. 그런데 헌물이 줄어들지 않고 가져오는 사람이 꾸준히 있었다.

36:5-6 성소에 드릴 예물을 다시 만들지 말라 하매. 성막 재료를 준비하는데 처음에는 없을 것 같았을 것이다. 그런데 오히려 남아서 문제가 되었다. 결국 헌물 가져오는 것을 멈추라 하였다. 어떤 사람은 그동안 고민하다가 결국 다음날 바치기로 결심하였을 것이다. 그러나 그 사람은 바칠 수 없게 되었다. 이미 가득 찼기 때문이다. 항상 낼 수 있는 것이 아니었다. 항상 섬길 수 있는 것이 아니다. 항상 가장 효과적인 때도 아니다. 섬길 때가 있고 가장 효과적인 때가 있다. 그것을 잘 파악하고 결단해야 한다.

출 36:8-38은 출 26:1-37을 거의 그대로 옮긴 것처럼 같은 내용이다.

36:8 지혜로운 모든 사람이 열 폭 휘장으로 성막을 지었으니. 드디어 성막 제작이 실제로 이루어졌다. 일은 간단한 것 같지만 모든 일에는 수고가 있어야 한다. 어떤 일도 쉽지 않다. 그러나 그것이 성막 제작이었기 때문에 그들은 매우 기쁘게 일을 할 수 있었을 것이다.

36:9 앞에서 나온 것을 거의 반복적으로 말한다. 때로는 조금 요약하기도 하지만 거의 그대로 옮겨 놓은 듯 반복한다. 출 26장 본문은 하나님께서 시내산에서 모세에게 그렇게 성막을 지으라고 말씀하신 것으로 명령형으로 되어 있다. 36장은은 브살렐이 명령에 따라 그대로 수행하여 성막을 지은 것을 말한다. 그래서 동사가 계속 과거형으로 나온다.
반복이 오늘날 사람들이 보기에는 매우 불편하다. 그러나 성경에는 자주 나온다. 이것은 강조다. 반복함으로 보고 또 보게 만드는 역할을 한다. 글을 쓰는 재료나 글을 쓰는 것이 흔하지 않은 시대에 이렇게 반복하여 기록한다는 것은 그것의 중요성을 강조하는 것이다. 이 당시 보고 또 보면서 그것의 의미를 더 살리는 것이다. 우리도 이 강조를 놓치면 안 된다. 오늘날에는 단순히 반복하면 의미를 반감하는 역할을 하겠지만 본래의 의도대로 강조를 읽어야 한다.

37 장

37:1 브살렐이 조각목으로 궤를 만들었으니. 브살렐이 주어로 되어 있다. 성막을 만들 때 계속 주어가 3인칭 단수로 나온다. 그것은 브살렐을 염두에 둔 말이다. 성막 제작을 하나님께서 명령하실 때는 2인칭 단수를 사용하셨다. 모세에게 말씀하신 것이다. 그러나 제작할 때는 브살렐이 주어가 되어 나온다. 모세가 대표이기 때문에 모세의 이름이 나온 것이 아니라 성막 제작의 책임자요 기술자인 브살렐을 주어로 말한다. 성막 제작에 있어서는 브살렐이 대표이기 때문이다.
브살렐이 주어라 하여 브살렐이 만들었다는 것은 아니다. 브살렐만이 아니라 기술자들이 함께 만들었다. 그것은 이스라엘 전체 백성을 의미한다. 브살렐이 대표로 나와 있을 뿐이다. 브살렐은 대표로서 그가 잘못하면 이스라엘 백성 전체가 잘못하는 것이 되며 그가 잘하면 이스라엘 전체가 잘하는 것이 된다. 그래서 지도자가 중요하다. **궤.** 지성소 안에 들어갈 궤다. 이것을 만들고 그것이 지성소 안에 놓인 이후에는 브살렐도 평생 보지 못하였을 것이다. 지성소는 대제사장만 들어갈 수 있는 곳이기 때문이다.

37:6 속죄소. 언약궤의 뚜껑이며 하나님의 임재를 통해 하나님의 발등상으로도 표현되는 속죄 덮개도 이렇게 만든 이후 브살렐과 그것을 함께 만든 사람 그리고 이스라엘 백성들은 결코 다시 보지 못할 것이다.

37:10 상. 12개의 빵을 올려 놓을 '임재의 빵 테이블'을 만들었다. 이것은 성소 안에 놓일 것이다. 성소 안에 놓이기 때문에 오직 제사장만 들어갈 수 있고 브살렐과 다른 이스라엘 백성들은 그것을 다시는 보지 못하였을 것이다.

이스라엘 백성이 언약궤와 속죄 덮개와 임재의 빵 테이블을 보지 못한다 하여 그들과 상관없는 것이 아니다. 그들은 대제사장과 제사장의 사역과 눈을 통해 그것을 매일 보는 것 같이 보아야 한다. 또한 그렇게 볼 것이다. 그들은 평생 보지 못하였지만 언약궤와 그 안에 있는 십계명 돌 판을 마음에 새기면서 살았을 것이다. 비록 그들이 그것을 그 이후는 보지 못하였고 그 세대가 지난 사람들은 한 번도 보지 못하였 어도 본 것보다 더 깊이 간직하였을 것이다. 그들의 대표인 제사장과 대제사장이 그것을 보기 때문이다.

이스라엘 백성들은 비록 성소 안에 들어가지는 못하여도 제사장을 통해 들어가는 것이다. 대제사장을 통해 지성소로 들어가는 것이다. 개인과 전체는 그렇게 늘 관련되어 있다. 오늘날 예배 시간에 대표기도를 한다. 그것은 개인의 기도가 아니라 전체를 대표하여 하는 기도이며 그 기도는 회중 어떤 사람이라도 그 기도를 통해 하나님께 나가는 것이기도 하다. 공동체는 개인과 전체가 밀접하게 연결되어 있다. 목사의 설교도 성도와 밀접하게 연결되어 있다. 모든 것이 공동 제작이다. 공동 성과다. 공동체를 통해 나아가는 것을 놓치면 개인은 공동체의 유익을 놓치게 될 것이다.

지성소에 들어가지 않고 성소에 들어가지 않는다고 언약궤와 속죄 덮개와 임재의 빵 테이블을 놓치면 안 된다.

37:17 등잔대를 만들되 그것을 쳐서 만들었으니. 그들은 말씀에 따라 등잔대를 만들었다. 말씀하신 그대로이다. 오늘 우리는 성막이 없으며 따라서 등잔대가 없다. 그러나 우리의 삶에서 등잔대를 만들어야 한다. 그것은 오늘 말씀과 동일하다.

성막은 하나님께서 이스라엘 백성 가운데 특별히 임재하시는 곳이다.

그래서 성막의 모든 기구는 하나님의 임재의 상징이며 임재하시는 하나님을 만나는 이스라엘 백성의 모습에 대한 상징이 담겨 있기도 하다.

등잔대는 성소 안에서 맞은편에 있는 '임재 빵 테이블'을 비춘다. 또한 성소 안 전체를 비추고 세마포로 막혀있지만 희미하게나마 지성소 안에 빛을 제공하는 유일한 빛이기도 하다. 등잔대는 세상에 빛을 비추시는 하나님의 공급을 상징한다. 세상에 빛을 비추심으로 사람들이 빵을 얻도록(임재 빵 테이블) 하고 말씀에 순종(언약궤)하게 한다.

등잔대를 이전에는 '촛대'라고 번역하기도 하였다. 그 부분은 조금 수정되어 이제는 '등잔대'라고 번역한다. 그러나 아직도 '촛대'라고 번역되어 있는 곳이 간혹 있다. 다니엘 성경이나 요한계시록이 그러하다. 개역개정의 촛대라고 번역된 곳은 모두 '등잔대'라고 번역하는 것이 맞다.

등잔대는 요한계시록에서 교회를 상징하는 것으로 나온다. 등잔대를 통해 비추시는 하나님의 영광을 교회가 그대로 반사하여 반영하기 때문에 그렇게 상징될 수 있다. 등잔대에서 기억해야 할 것은 교회의 빛이 아니라 하나님의 빛이다. 하나님께서 빛을 비추어 주심으로 성도는 빛을 반사하는 것이다. 어떤 좋은 일이 있을 때 '하나님께 영광을 돌린다'라고 말한다. 하나님께서 빛을 비추셨고 자신은 단지 반사한 것에 불과하다는 뜻이다. 신앙인은 하나님의 빛을 비추는 삶을 살아야 한다. 하나님의 사랑과 선하심과 정의와 자비를 비추면서 살아야 한다. 실천하면서 살아야 한다. 그렇다면 참으로 아름다운 사람이 되지 않을까?

37:25 분향할 제단. 시내산에서의 말씀에 따라 분향단을 만들었다. 그리고 오늘 우리도 분향단을 만들어야 한다. 우리의 삶으로 만들어야 한다. 분향단은 성소에 들어가면 정면에 놓는 것이다. 특별하게 제조된 향을 피워 좋은 향과 연기가 나게 했다. 그 연기는 지성소 안의 언약궤를 가리는 역할을 하였다. 언약궤와 제사장 사이에 있는

분향단에서의 연기가 제사장을 보호해 준다고 말하기도 한다. 그만큼 지성소의 거룩함을 상징한다.

성소 안에는 3개의 기구가 있다. 등잔대와 임재 빵 테이블은 하나님께서 그 백성에게 주시는 것에 대한 고백을 상징적으로 말한다. 그리고 분향단은 이스라엘 백성이 하나님을 향한 드림의 측면이 강하다. 분향단의 향은 뜰에 있는 번제단에서 드린 고약한 동물 타는 냄새를 중화시키는 역할을 하기도 하였을 것이다. 그런데 그것이 상징하는 것은 신앙인이 하나님께 드려야 하는 향기로운 삶이다.

분향단에서 피우는 향에는 각종 비싼 향 재료만이 아니라 소금도 들어갔다. 소금이 들어감으로 불이 잘 붙고 연기도 더 잘 났을 것이다. 그런데 소금은 소금으로서 살아야 하는 성도의 삶을 잘 반영한다 할 수 있다.

신앙인은 빛과 소금으로 살아야 하는데 빛은 하나님께서 신앙인에게 주시는 것으로서 그것을 반사하는 것이라면 분향단의 소금은 신앙인이 하나님께 드리며 나가는 것을 상징하기 때문이다.

제사장이 매일 아침 저녁으로 상번제를 드렸다. 해 뜨는 시간과 해 지는 시간에 드렸다. 이때 분향단에 향을 피는 것과 등잔대에 불을 붙이고 끄는 일도 함께하였다. 같은 시간에 하였다. 번제와 등잔대의 불을 관리하는 것과 분향단의 향을 피우는 것을 매일 두 번씩 하였다. 그것은 제사장의 일이지만 또한 모든 신앙인이 경험하는 것에 대한 이야기다. 하나님의 임재로서 철저한 헌신을 상징하는 번제와 하나님의 빛 비추심을 믿고 영광하는 삶과 향기 나는 삶을 하나님께 드리는 삶이다. 이 3가지를 잊지 말아야 한다.

38 장

38:1 번제단을 만들었으니. 성소 부분에서 중앙의 언약궤를 가장 먼저 만든 것처럼 뜰에서는 번제단을 가장 먼저 만들었다. 번제단이 중심이 되기 때문이다.

번제단은 각종 제사가 태워지는 곳이다. 성소 부분이 언약을 통해 하나님을 만나는 것에 대한 이야기라면 뜰은 태워지는 제사를 통해 자신들의 부족한 부분을 대신하는 것을 나타낸다. 번제, 속죄제, 화목제 등을 통해 자신의 부족함과 고백을 드리며 하나님께로 나가는 백성들의 치열한 삶의 현장이다. 이 모든 제사의 중심에 예수 그리스도가 있다. 동물은 결코 우리의 죄를 대신할 수 없으며 우리의 헌신이 될 수 없으나 예수 그리스도의 대속과 긍휼로 덧입혀지기 때문에 그러한 것을 하나님께서 받으시고 그들은 성소 안으로 들어갈 수 있는 은혜를 입게 된다.

38:8 물두멍을 만들고. 물두멍은 항상 번제단과 함께 쌍으로 나온다. 번제단에서 제사를 드리며 묻은 피와 같은 것을 물두멍의 물로 씻었을 것이다. 물두멍의 물로 씻고 성소에 들어갔을 것이다.

회막 문에서 수종드는 여인들의 거울로 만들었더라. 매우 특이한 이야기다. 성막에서 여인들도 일을 하고 있었다는 것을 볼 수 있다. 이 당시 '거울'은 황동으로 만들었다. 특히 품질이 좋은 것으로 만들었다. 그래야 반짝반짝 빛나서 얼굴을 잘 비추어 주기 때문이다. 물두멍을 만들기 위해 좋은 황동이 필요하였다. 자신들에게 매우 소중하고 필수품인 거울을 바친 여인들이 있었는데 그들의 헌신을 귀하게 보아 그들이 결국 이후에 성막이 만들어진 이후 그곳에서 일하게 된 여인들이 되었다고 추측할 수 있다.

38:9 성막 전체 울타리를 세마포 휘장으로 둘렀다. 남쪽과 북쪽 곧 가로는 44m(100규빗)이고 동쪽과 서쪽 곧 세로는 22m(50규빗)입니다. 평수로 하면 293평이다. 왼쪽 반절인 성소가

있는 쪽은 가로세로 22m이고 뜰이 있는 오른쪽도 가로세로 22m이다. 이 둘이 합하여 성막을 이룬다. 뜰에는 중앙에 번제단이 있고 번제단과 성소 사이에 물두멍이 있다. 나머지는 모두 빈 공간이다. 뜰은 사람들이 가장 많이 있는 곳이다. 제사 드리는 사람들이 뜰로 왔기 때문이다. 뜰은 많은 사람들로 가득하였을 것이다.

38:16-17 성막 뜰은 빈 공간 이어도 매우 중요하다. 그래서 비싼 천인 세마포로 울타리를 삼았으며 받침은 황동으로 기둥의 갈고리와 머리 싸개 등을 은으로 하였다.

38:18 뜰의 정문은 8.8m(20규빗)이었다. 그리고 정문과 울타리 모두 높이는 2.2m로 상당히 높았다. 문은 넓었지만 그 안은 거룩함을 표시하는 것으로 보인다. 문이 아무리 넓어도 들어가지 않으면 그 사람에게는 소용이 없다. 오직 들어가는 이가 하나님의 임재의 장소에 들어가는 것이다.

38:21 성막 곧 증거막을 위하여 레위 사람이 쓴 재료의 물목. 성막을 '증거막'이라고 지칭하고 있다. 이것은 무엇을 의미할까?
'증거막'이란 '증거판' 즉 십계명이 기록된 '돌 판이 있는 장막'을 의미한다. 언약궤 안에 있는 돌판이다. 하나님께서 임재하시기에 성막이라 말하는데 그것을 증거막이라고 부르고 있다. 증거판의 장막이다. 그만큼 성막에서 핵심은 언약이다. 말씀이다. 하나님의 임재는 말씀이 중심이 되기 때문이다. 성막의 모든 자재는 말씀을 더 잘 지키게 하기 위한 것과 연결되어 있다. 말씀을 놓치면 모든 것을 놓친다.

38:24 성소 건축 비용으로 들인 금. 성막 건축을 하면서 사용된 금은 29달란트와 730세겔이다. 1달란트는 '한 사람이 들어 나를 수 있는 무게'라는 개념에서 시작되었으며 구약 시대에 보통 34kg이었다. 세겔은 11g정도 된다. 성막 준비를 위해 사용된 금은 총 1톤에 약간

못 미치는 무게다.

38:25 은. 은은 100달란트와 1775 세겔이다. 은은 특별히 모든 성인 남성이 동일한 무게인 반 세겔씩 드렸다. 603,550명이 반 세겔씩 냈다. 이것은 부자와 가난한 이의 구별 없이 의무적으로 냈다.

38:29 놋. 성막 제조에 쓰인 청동은 70달란트와 2400 세겔이었다.

39 장

출애굽기는 성막제작과 관련된 것이 전체의 42%를 차지한다. 그만큼 중요하다. 출애굽은 성막에 임하는 하나님과 함께하기 위함이기 때문이다. 성막의 모든 것은 제사장의 옷으로 마무리하고 있다. 제사장이 제사장 옷을 입고 거룩한 임무를 수행해야만 성막의 모든 역할이 제대로 작동되기 때문이다. 제사장은 성막에서의 섬김을 위해 특별한 옷이 필요하였다.

39:1 성소에서 섬길 때 입을 정교한 옷을 만들고. 제사장과 대제사장이 성막에서 섬길 때 일반 옷이 아니라 특별한 옷을 입어야 했다. 그래서 옷 제작에 대해 시내산에서 자세히 말씀하셨고 말씀대로 제사장 옷을 만든 것에 대한 이야기한다.

39:2 에봇. 조끼 형태로 된 옷이다. 아마실을 청색 자색 홍색 실로 염색하여 에봇을 만들었다. 아마실로 만든 세마포 위에 실제 금으로 만든 금실로 무늬를 놓았다. 매우 고급스럽고 화려한 옷이 되었을 것이다.

39:4 어깨받이. 에봇이 사람의 어깨 부분을 닿는 부분이다. 어깨받이는

중요하기 때문에 에봇과 하나이면서도 따로 불렀다.

39:6-7 이스라엘의 아들들의 이름. 각각의 어깨받이에 이스라엘의 지파 6명의 이름을 기록하였다. 대제사장이 에봇을 입고 성소나 지성소에 들어갈 때 그는 이스라엘 12지파를 어깨에 메고 가는 것이다. 이스라엘을 대표하는데 짐처럼 그가 이스라엘을 어깨에 메고 하나님 앞에 나가 이스라엘을 위한 무거운 책무의 일을 다해야 한다. 그는 그가 지고 있는 이스라엘 12지파를 결코 잊으면 안 된다. 그의 책임이다.

39:8-9 흉패. 에봇 위 가슴 부분에 다는 것이다. 가로 세로 길이가 '한 뼘'이라고 말한다. '뼘'은 엄지 손가락에서 소지(새끼 손가락)까지의 길이를 말하는 것으로 규빗의 반절 길이다. 22cm로 생각하면 된다.

39:14 열둘이라 도장을 새김 같이. 흉패는 두 가지 기능이 있다. 첫째는 대표성이다. 흉패는 12개의 보석을 부착하는 용도다. 이스라엘의 각 지파의 이름이다. 큼지막한 보석 위에 각 지파의 이름을 썼다. 제일 잘 보이는 가슴에 부착하였다. 성소에 들어가고 지성소에 들어갈 때 대제사장은 이스라엘 모두를 대표하여 들어간다. 이스라엘 모든 백성을 하나님께 이끌고 가는 것이다. 에봇의 어깨 부분에 있는 보석에 기록된 이스라엘 백성의 이름은 작은 보석 하나 위에 6명의 이름이 기록되어 있고 또한 어깨에 놓여 있기 때문에 잘 보이지 않는다. 그러나 흉패에 붙인 이스라엘 백성의 이름은 아주 잘 보이고 찬란하게 빛났을 것이다.

둘째는 에봇 안에 우림과 둠밈을 넣어 두는 역할을 하였다. 우림과 둠밈은 하나님의 뜻을 묻는 용도다. 이스라엘 백성이 하나님의 뜻을 물으며 사는 것을 가장 실제적이고 상징적으로 보여주는 것이다.

흉패 위의 12지파의 이름은 모두 보석에 새겨졌다. 이스라엘 백성들이 누구인가? 금송아지를 만들기도 하였다. 이후로도 꾸준히 죄를 범한다.

그런데 그들은 근본적으로 보석이다. 오늘날 목사가 교회를 대표한다면 교인들은 보석임을 기억해야 한다. 그들이 비록 괴롭힐 때가 있어도 말이다. 성도가 하나님께 나아갈 때 또는 함께 성도된 누군가를 위해 기도할 때 그들은 보석이라는 것을 기억해야 한다. 그들을 데리고 하나님께 나갈 때 부끄러움이 아니라 자랑이 될 것이다. 지금 비록 많이 부족하여도 그렇다. 그렇게 부족한 이들을 가슴에 품고 기도하며 돌보았다면 더욱더 자랑이 될 것이다. 기도하고 있고 돌보고 있는 사람들을 내가 돌보고 있고 내가 대표한다고 그들을 가볍게 여기지 마라. 그들을 보석처럼 여기라. 하나님께 보석이기 때문이다.

39:22 에봇 받침 긴 옷. 에봇 받침 옷은 청색으로 단순하면서도 중요한 기능을 가지고 있다.

39:26 방울. 에봇 받침 옷 아래에 달았다. 대제사장이 움직일 때 방울 때문에 계속 소리가 나야 했다.

39:30 거룩한 패. '여호와께 성결'이라는 글자를 새긴 패를 세마포 모자 정면에 실로 묶어 달았다. 이것은 이마 앞에 붙이는 것으로 가장 잘 드러났다. 마치 상표를 붙이는 것과 같다.

39:32 모세에게 명령하신 대로 다 행하고. 하나님께서 시내산에서 모세에게 성막을 만들라 하셨다. 그 말씀에 따라 성막 제작을 시작하였다. 광야에서 성막을 만드는 것은 참으로 어려운 일이었을 것이다. 성막 제작에 필요한 물자와 기술자 등 모든 면에서 난관이 가득하다. 그런데 하나님께서 말씀하시니 시작하였다. 그리고 그것이 가능하다는 것을 배웠다. 하나님께서 말씀하신 것에서 하나도 부족하지 않고 완벽하게 완성하였기 때문이다. 말씀하신 대로 다 제작하였다.

39:35 소리. 방울은 경고의 역할을 하였다. 대제사장은 움직일 때마다 방울 소리를 들었다. 그것은 죽음과 연결되어 있다. 그 방울 소리가 없으면 그는 죽을 것이라 말씀하였다. 방울 소리가 있어야 그는 죽지 않는다. 그만큼 그가 대제사장의 역할을 한다는 것은 두렵고 떨리는 일이다. 매우 위험한 일이다. 방울 소리는 어떤 면에 있어서는 하나님께 들려주기 위해 있는 것이 아니라 자기 자신에게 들려주기 위해 있는 것이다. 방울 소리를 들으며 하나님께 나가는 두렵고 떨리는 마음을 가져야 한다. '이 소리가 없으면 내가 죽을텐데'라는 두렵고 떨리는 마음이 있어야 한다.

하나님 앞에 나간다는 것은 참으로 두렵고 떨리는 일이다. 사람들은 교만하고 또 교만하다. 하나님 앞에 나가는 것 조차도 매우 쉽게 생각하기 쉽다. 사람들이 타락으로 죄인이 되었기에 더욱더 두렵고 떨어야 하는데 죄 때문에 더욱더 두려워하지 않고 가볍게 생각하는 경향이 강하다. 대제사장이 걸을 때마다 방울 소리를 들으며 하나님 앞에 두렵고 떨리는 마음을 가졌듯이 사람들은 하나님 앞에 두렵고 떨리는 마음으로 나가야 한다. 죄 많은 사람이 하나님 앞에 나간다는 것은 참으로 두렵고 떨리는 일이다.

39:38 패는 '죄책'과 관련되어 있다. 이것이 없으면 성물을 하나님께서 받지 않으신다 말씀한다. 이것이 없으면 그 예물은 죄로 가득한 것이기 때문이다. 이것이 있어 모든 것이 하나님께 거룩한 것이 된다. 하나님의 것이 된다. 이 패는 우리의 모든 죄책을 짊어지신 그리스도에 대한 가장 완벽한 예표다.

그리스도의 대속 없이 우리의 무엇이 하나님께 받으실만한 것이 될 수 있겠는가? 우리의 무엇이 가치가 있을 수 있겠는가? 우리의 모든 것은 죄로 가득한 것에 불과하다. 그러나 그리스도의 대속이 있어 우리는 하나님께 무엇인가를 드릴 수 있는 존재가 되었다. 우리가 오늘날 무엇인가 아주 훌륭한 사랑과 섬김을 하여도 만약 그리스도의 대속이 없으면 그것은 사실 죄로 가득한 것에 불과하다. 그러나 그리스도의 대속 때문에 그것은 하나님께서 기뻐 받으시는 것이 된다.

39:43 모세가 그 마친 모든 것을 본즉. '보았다'는 것은 여기에서는 '자세히 살폈다'는 의미다. 성막 제작을 점검할 때 무엇이 중요할까? 어떤 값진 물질이 더 사용되었는가일까? 만약 말씀하신 것보다 더 많은 금이 사용되었다면 어떨까? 그것은 칭찬받을 일이 아니라 책망받을 일이다. 성막 제작은 더 값비싼 것으로 만들어졌다고 더 좋은 것이 아니다. 오직 말씀하신 대로 이루어져야 좋은 것이다. 성막 제작의 모든 것이 하나님께서 명령하신 대로 되었기에 성막 제작은 잘 된 것이 되었다. 우리가 능력을 더 발휘한다고 좋은 것이 아니다. 없는 것을 더 쥐어짜고 부당한 방식으로 만들어내는 것은 결코 좋은 것이 아니다. 하나님께서 주신대로 사용되면 된다. 그러면 충분하다. 없다고 절망할 필요가 전혀 없다. 있는데도 없다고 생각하지 말아야 한다. 광야에서 성막제작을 명 받았을 때 어떤 사람들은 '불가능하다' 장담하였을 것이다. 광야에서 어떻게 그런 일이 가능할까? 그러나 넉넉히 다 제작되었다. 할 수 있는데 부정적인 마음으로 못한다 생각하지 말아야 한다. 하나님은 우리에게 할 수 있는 것을 하라고 말씀하신다. 하지 못하는 것을 하라고 말씀하시지 않는다.

축복하였더라. 모세는 성막 제작을 훌륭하게 마친 백성들을 보면서 '축복'하였다. 성막제작을 한 이스라엘 백성들은 복을 받기에 합당한 사람들이었기 때문이다. 하나님의 말씀대로 행한 사람은 모두 복을 받기에 합당한 사람이다. 그래서 그들을 축복하는 것은 매우 적당하고 유효하다. 모세가 빈 복은 이스라엘 백성들에게 그대로 임할 것이다. 이스라엘 백성들이 성막 제작을 말씀대로 하였기 때문에 복을 받을 것이다. 그런데 여기에서 복을 오해하지 말아야 한다. 사람들은 복을 생각할 때 주로 세상에서의 복을 생각한다. 그것은 일시적이고 매우 작은 것이다. 이스라엘 백성을 보라. 그들은 앞으로도 평생 광야에서 지내게 된다. 그렇다면 그들이 받을 복은 어디에 있을까? 하나님께서 주시는 복은 이 땅에서 받는 복도 있겠지만 궁극적인 것은 새하늘과 새땅에서 받는다. 그것이 크고 영원한 복이다. 그러기에 이 세상에서 받는 복에 대해서는 그리 큰 의미를 두지 말아야 한다. 이 세상에서의 복은 작은 것이기 때문에 있을 수도 있고 없을 수도 있다.

40 장

성막 제작 지시와 제작 그리고 점검까지 마쳤다. 이제 실제 설치만 남았다.

40:2 첫째 달 초하루에...회막을 세우고. 1년 전 이스라엘이 출애굽을 하였다. 출애굽한 날을 첫째 달로 삼으라 하셨다. "이 달을 너희에게 달의 시작 곧 해의 첫 달이 되게 하고"(출 12:2) 출애굽은 이스라엘 역사를 새롭게 쓰는 일이었다. 그리고 이제 성막을 세우고 있다. 성막을 세우는 것은 출애굽 후 정확히 일년에서 13일이 빠진 날이다. 출애굽 후 1년 후 1월(아빕월) 1일에 성막을 세웠다. 성막을 세우는 것이 참으로 중요한 것이었기 때문이다.

성막 제작에는 창조와 관련된 것들이 많이 나온다. 성막 제작은 창조를 드러내고 예수님의 제2창조를 미리 보여주는 것이기도 하다. 성막 제작은 죄로 파괴된 세상에서 다시 시작하는 것이다. 하나님의 임재로 하나님의 왕되신 나라를 다시 세우는 것이다. 성막을 세울 때, 교회를 세울 때 우리는 그것을 명심해야 한다. 우리가 지금 얼마나 놀라운 일에 동참하고 있는지를 알아야 한다.

40:3-4 증거궤를 들여놓고. 가장 먼저 증거궤를 들여 놓았다. 설치할 때도 역시 '언약궤'가 가장 먼저 나온다. 언약은 하나님의 임재의 핵심이라는 사실을 명심하고 또 명심해야 한다. 언약이 깨지면 임재도 깨진다. 늘 말씀이 핵심이 되어야 한다. 오늘날 우리들이 성경을 개인 소유할 수 있고 볼 수 있다는 것이 얼마나 귀한 일인지 모른다. 성경을 설명하는 많은 책이 있다는 것이 참으로 귀한 일이다. 말씀을

읽지 않고 하루를 넘기지 마라.

40:9 관유. '특별히 제조된 향유'로 성막과 관련된 모든 것에 붓거나 뿌리는 방식으로 특별하게 하였다. 그렇게 말씀에 따라 제조된 특별한 향유로 뿌려야만 최종적으로 거룩한 것이 되었다. 모든 것이 완벽하게 준비되었어도 이것을 위해 준비된 특별한 향유로 뿌리지 않으면 거룩하게 사용될 수 없었다.

40:19 여호와께서 모세에게 명령하신 대로 되니라. 이 구문은 39장-40장에서 반복하여 나오는 가장 중요한 구문이다. 마지막 부분에서는 더욱 반복되어 나타난다. 문구가 7번 나온다. 마치 천지를 창조하실 때와 비슷하다. 세상을 창조하실 때 안식일까지 7일 동인 말씀으로 창조하셨다. 완전히 같지는 않지만 오늘 본문의 일곱 번의 '명령하신 대로 되니라'는 7일 동안의 창조와 비슷한 측면이 많다. 1.우주의 기본 물질. 빛 창조-성막 구조 및 덮개 세움. 2.하늘 창조-언약궤.지성소 세움. 3.바다와 식물 창조-임재 빵 테이블 세움. 4.일월성신 창조-등잔대 세움. 5.동물 창조-분향단 세움. 6.사람 창조-번제단 세움. 7.안식하심-물두멍 세움. 생각하면 생각할수록 많이 닮아 있다.

40:21 여호와께서 모세에게 명령하신 대로 되니라. 천지를 창조하실 때 하나님께서 말씀하심으로 창조하셨다. 성막을 통한 창조의 회복은 '모세에게' 명령하심으로 이루셨다.
하나님께서 왜 모세를 통해 말씀하셔서 성막을 세우실까? 하나님께서 말씀하심으로 하늘에서 성막이 내려오면 더욱더 멋있을 것 같은데 말이다. 하나님께서 말씀하심으로 지으시는 것이 더 웅장하고 더 완벽할 것이다. 그러나 모세를 통해, 사람을 통해 창조의 회복을 이루어 가신다. 창조회복은 사람을 통해 하셨다. 사람을 통하는 것이 불안전할 수 있을 것 같다. 그러나 그것이 창조회복의 핵심이다.
하나님께서 창조하신 세상이 아름답지 않거나 문제가 있어 타락한 것이 아니다. 아담과 하와의 불신앙 때문이다. 아담과 하와가 하나님의 말씀이 아니라 자신들의 생각과 뜻을 따라 행하였기 때문이다. 인류의 회복은 자신의 생각을 내려놓고 '명령하신 대로' 행함으로 이루어 진다. 모세는 창조회복의 핵심인 성막 제작과 설치에서 명령하신 대로 행하였다. 오늘날 우리들의 회복은 명령하신 대로 행할 때 이루어질 것이다. 우리의 희망은 다른 것에 있지 않다. 하나님의 '명령'에 있다. '말씀'에 있다. 오직 말씀을 따라갈 때 우리의 모든 것이 회복된다. 생명, 물질, 사랑, 영생 모든 것의 답은 '말씀'이다. 언약을 최우선위로 하여 명령하신 대로 행하는 삶이 되라. 그것이 우리의 가장 큰 목표요 빛이 되게 하라. 그것이 가장 위대한 일이라는 사실을 기억하고 또 기억하라. 세상은 관심두지 않지만 신앙인은 그것에 모든 것을 두어야 한다. 오직 그 안에만 영원한 생명이 있음을 알기 때문이다.

40:33 성막과 제단 주위 뜰. 성막 설치가 재창조의 의미를 담고 있음을 보았다. 성막의 크기를 기억하는가? 50규빗 정사각형 두 개를 붙여 놓은 형태다. 규빗은 가운데 손가락 끝에서 팔꿈치까지다. 44cm로 여기는 것이 제일 좋을 것 같다. 왼쪽 정사각형 가운데는 지성소가 있다. 10규빗 정사각형이다. 6평(5.9평)이다. 성소까지 합하면 18평(17.6평)이다. 뜰까지 합한 성막 전체 넓이는 300평(293평)이다. 우주의 주인이신 하나님께서 이렇게 작은 공간을 특별한 임재의 자리로 삼으셨다. 우주보다 더 크신 분이 이렇게 작은 곳에 임하셨다. 이렇게 작은 공간에 하나님께서 특별히 임재하셨다. 하나님은 이 작은 공간을 통해 창조를 회복하신다. 하나님의 임재와 온전한 통치가 이루어지는 하나님 나라를 이루어 가신다. 이 작은 공간은 하나님이 특별히 임재하심으로 나머지 우주 전체보다 더 위대한 공간이 된다. 성막 이야기는 성경에서 창조 이야기보다 더 많은 분량으로 설명하고 있다. 어떤 것보다 더 많은 분량이다. 그리고 예수님의 제2창조로 이어진다. 복음서에서 예수님의 고난과 부활이 나온다. 성경 전체에서 가장 많은 분량이다. 제2창조로 하나님의 나라가 더욱 힘있게 마지막을 향하여 가기 때문이다.

40:34 여호와의 영광이 성막에 충만하매. 여호와의 영광이 성막에 충만하게 되었다는 것을 어떻게 알았을까? '구름'을 통해서다. 짙은 구름이 성막에 가득하였던 것으로 보인다. 구름은 하나님의 영광이 될 수 없다. 그러나 하나님께서 보이지 않는 분임을 이스라엘 백성들은 잘 알고 있었다. 하나님께서 그들에게 보이는 방식으로 임재를 알리신 방법이 구름이다. 구름은 마치 하나님의 영광의 겉봉투와 같은 역할을 한다. 영광이 아니라 영광이 가려진 것을 통해 영광을 보았다. 영광이 보이지는 않지만 구름으로 가려진 이면에서 하나님의 영광을 보고 느꼈던 것이다.

하나님의 영광이 성막에 충만하였다. 하나님의 임재는 이스라엘 백성이 출애굽한 목적이나, 그들은 애굽 생활에서 고난을 당하며 하나님의 임재를 놓치고 때로는 편안하였기 때문에 임재를 놓치고 있었다. 그들은 애굽에서 나와 하나님의 백성으로서 그들 가운데 계시는 하나님을 알고 예배하는 공동체로 세워져야 했다. 그래서 출애굽한 것이다.

40:35 성막에 하나님의 영광이 충만하였으므로 심지어는 모세도 들어가지 못하였다. 하나님의 영광은 참으로 위대하다. 하나님의 임재는 참으로 위대하고 영광스러운 일이다. 우리가 감히 하나님의 임재 가운데 들어갈 수 없으나 하나님께서 은혜로 우리 가운데 임재하시는 것이다. 그러기에 우리는 긍휼을 감사히 알고 하나님의 임재 가운데 살기 위해 힘을 다해야 한다. 출애굽해야 한다.

40:36-37 성막이 완성되고 하나님의 임재의 상징으로 구름이 성막에 가득하였다. 이후에 구름은 성막 안이 아니라 성막 위에 떠 있는 형태로 존재하였다. 이스라엘 백성은 임재하시는 하나님을 따라 움직이게 될 것이다. 성막 위의 구름이 더 높이 떠 오르면 떠날 때가 된 것이고 그 자리에 있으면 이스라엘도 그 자리에 있어야 할 때다.

40:38 낮에는 구름이 밤에는 불이 그 구름 가운데에 있음을…모든 행진하는 길에서 그들의 눈으로 보았더라. 이스라엘이 행진하는 길에서 그들의 눈으로 계속 보았다고 말한다. 밤에는 친절하게도 구름 안에 불이 있어 멀리서도 계속 볼 수 있도록 인도하셨다. 오늘날에도 하나님께서 친절하게 그 백성을 인도하신다. 하나님의 친절이 멈추지 않았다. 문제는 사람들이 하나님의 임재를 깨닫지 못한다는 것이다. 하나님의 임재와 인도를 깨닫지 못한다면 그것은 모든 것을 잃고 있는 것이다.

우리는 교회 안에서 하나님의 임재와 인도를 깨달아 알아야 한다. 출애굽 때의 성막이 성전으로서 하나님께서 특별히 임재하신 것처럼 오늘날은 교회가 성전으로 하나님의 특별한 임재가 있다. 교회에서 하나님의 임재와 인도하심을 보아야 한다. 교회생활에서 실패하면 믿음이 실패할 수밖에 없다.

이스라엘이 '행진하는 길에서 그들의 눈으로 보았던' 것처럼 오늘날 우리들은 우리의 삶을 살아가면서 우리의 마음으로 볼 수 있어야 합니다. 구름은 하나님의 영광 자체는 아니었다. 하나님께서 그들이 볼 수 있도록 구름으로 상징적으로 보게 하셨다. 오늘날 우리들에게는 어떤 것으로 인도하실까? 우리가 살아가며 겪는 일에서 구체적으로 하나님의 인도하심을 경험하게 하셔서 보게 하실 것이다. 이스라엘이 하나님의 영광 자체를 볼 수는 없지만 구름을 본 것처럼 오늘날 우리도 우리의 삶에서 분명하게 보는 것처럼 경험할 수 있다. 꼭 하나님의 인도하심을 경험하여 알기를 기도한다.